〉ニュースが「当事者意識」で理解できるようになる本〈

ニッポン経済の問題を 消費者目線で 考えてみた

渡辺 広明
◎マーケティングアナリスト

馬渕 磨理子
◎経済アナリスト

フォレスト出版

はじめに

　テレビや新聞、ネットから毎日流れてくる「経済」関連のニュース。特に、新型コロナ禍以降、これまで以上に私たち消費者に直結するニュースが入ってきています。2020年に実施された国民一人当たり10万円が給付されたコロナ給付金に始まり、その後の物価高や円安、エネルギー不足による電気代高騰、雇用の流動化など……、どれも私たちの暮らしに直接関係するものばかりです。他人事ではなくなってきています。

　この先、ニッポン経済はどのような状況になっていくのか、安心できる生活を確保するためには、何をしたほうがいいのか。その答えを導くためにも、経済ニュースを読み解く力を養っておきたいものですよね。

　ただ、ニュースの内容が「最終的に、私たち消費者にどのような影響があるのか、いまいちよくわからない」という人も多いでしょう。

　そんなあなたに向けて、私たち経済アナリスト（馬渕）とマーケティングアナリスト（渡辺）というそれぞれの立場から、よく見聞きするニッポン経済の問題を消費者目線で理解できるようになるために、わかりやすく解説したのが本書です。

　私たち2人は、Tokyofm「馬渕・渡辺の#ビジトピ」という、ニュース解説を通じてビジネスとお金が「わかる人」になれることを目指したラジオ番組のパーソナリティ、フジテレビ「Live News α」と

いう報道番組のコメンテーター仲間という共通点があり、連日流れてくる経済ニュースをそれぞれの専門的な立場から分析、アウトプットしています。

　本書では、現在抱えているニッポン経済の問題（TOPIC）を「社会と生活」「経済と生活」「産業と生活」「企業・労働と生活」「投資と生活」「政治と生活」という6つの章に分類し、それぞれのTOPICの重要エッセンスを対談形式で解説します。併せて、エビデンスとなる図表やデータ、各TOPICのまとめ（POINT）も掲載していますので、よりわかりやすい内容になっています。

　日本を含む世界経済は、まさに混迷の時代に突入しています。私たちが日々過ごしているニッポン経済の未来、いや私たち消費者の暮らしは、どのようになっていくのか——。それは、毎日流れてくるニュースを私たち消費者一人ひとりが自分ごととして理解し、意識を高めて、行動していくことで、その方向が決まってきます。
　本書を読み終えたとき、明日からの経済ニュースがさらに自分ごととして理解できるようになれば、著者としてこれほどうれしいことはありません。

2022年12月

馬渕磨理子
渡辺広明

本書の特徴と使い方

★著者2名による対談形式なので、サクッと読める

　経済アナリスト・馬渕磨理子、マーケティングアナリスト・渡辺広明の著者2名による対談形式で、各項目のTOPIC（問題）に関する重要エッセンスを解説していますので、より具体的にわかりやすく読み進めることができます。

★気になる（興味のある）項目から読める、読み切り形式

　本書で取り上げている項目（TOPIC）ごとに内容が完結していますので、気になる（興味のある）項目から拾い読みすることができます。また、各項目のラストに「POINT」として、各項目で押さえておきたい重要エッセンスをまとめていますので、より理解が深まるつくりになっています。

★図表データが豊富でわかりやすい

　各項目（TOPIC）に関連する図表データを豊富に掲載しています。本文を読みながら、図表をチェックすれば、本文中の数字だけではわからない、推移や比較などができ、より理解を深めることができます。

※本書の内容や情報は、2022年12月1日現在
　（一部除く）のものです。

I recommend this book
私が本書をおすすめします

馬渕・渡辺の
#ビジトピ

TOKYO FM
「馬渕・渡辺の # ビジトピ」プロデューサー
藤原 拓さん

聴けば「ビジネス」と「お金」がわかる番組 TOKYO FM「# ビジトピ」。出演者のお二人の本が出版されるとのこと、うれしく思います。本書はラジオさながらに、各テーマに対して「多角的な視点」をもらえる1冊になっており、この超カオスな時代を生き抜く強力な武器になると思います。

◆番組公式 HP

◆番組公式 Twitter
（# ビジトピ）

◆ 「AuDee」の番組 URL（過去放送すべて視聴可）

フジテレビ
「LiveNews α」プロデューサー
近藤篤正さん

「LiveNews α」は、働く皆様が就寝前に明日の＋αな情報を得ることができる番組です。渡辺さんと馬渕さんはこの番組で日々のニュースに付加価値を付けてくださり、そのコメントはさながらビジネススクールのようです。そんなお二人がタッグを組んで著した本書。身近な経済問題について、いくつもの「へぇ〜」を与えてくれるものと期待しています。

◆番組公式 HP

◆ Instagram

◆ TikTok

◆ Twitter

CONTENTS

第1章　社会と生活

第2章　経済と生活

第3章　産業と生活

第4章　企業・労働と生活

第5章　投資と生活

第6章 政治と生活

装幀◎河南祐介（FANTAGRAPH）
イラスト◎中川画伯
本文デザイン・図版作成◎二神さやか
編集協力◎松本晋平
特別協力◎ TOKYO FM ／フジテレビ
ＤＴＰ◎株式会社キャップス

第 1 章

社会と生活

日本の人口が減少、世界の人口は増加

☑ 日本の人口は長期の減少過程に突入。2053 年には 1 億人を下回る！

☑ 世界の人口は 2022 年 11 月現在で約 80 億人。2058 年には 100 億人を突破！

2022 年 10 月 1 日現在、日本の総人口は 1 億 2483 万人（総務省発表）で、2008 年をピークに減少の一途を辿っている。内閣府によれば、2053 年には 1 億人を割る見込みだ。一方、世界人口は増加を続けており、国連経済社会局（UNDESA）の予想では 2058 年に約 100 億人に到達するという。

▶ 視野を広げれば、マーケットは拡大中

渡辺　日本経済の未来について考えるならば、最初に取り上げるべき問題は人口です。

馬渕　避けては通れない問題ですね。

渡辺　人口が減り続ければ当然ながら労働者も減ってしまうわけで、ゆくゆくは消費も落ちていく。経済的には絶対にシュリンク

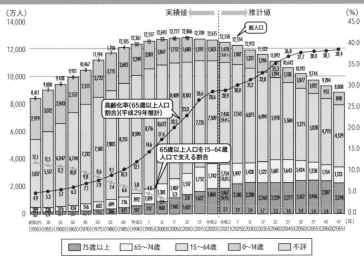

日本の人口推計（高齢化の推移と将来推計）

資料：棒グラフと実線の高齢化率については、2020年までは総務省「国勢調査」（2015年及び2020年は不詳補完値による。）、2021年は総務省「人口推計」（令和3年10月1日現在（令和2年国勢調査を基準とする推計値）、2025年以降は国立社会保障・人口問題研究所「日本の将来推計人口（平成29年推計）」の出生中位・死亡中位仮定による推計結果

出典：内閣府『令和4年度高齢社会白書』

（縮小）しちゃうんですよ。

馬渕 しかし、世界人口は増え続けています。

渡辺 そう、そこなんです。日本だけを見るとネガティブな未来を想像しがちですが、視野を広げて世界に目を向ければ、人口は増え続けているんです。約30年前は50億人くらいだったのに、2022年には80億人に届き、さらに近い将来には100億人ですよ？　つまり、世界のマーケットは拡大し続けているわけです。そこに活路があるんじゃないかと。これまで以上に世界に向けて、日本の「ものづくり／製造業」（第3章）と「観光」（111ページ）で勝負できる環境を目指したい。馬渕さんの観点からは何が必要だと思いますか？

馬渕 金融業界のテーマは「金融立国」（106ページ）ですね。人口減少によって農業や工業といった産業が縮小するなか、やはり「金融で稼げる国」として存在感を持たないといけない。

第1章　社会と生活

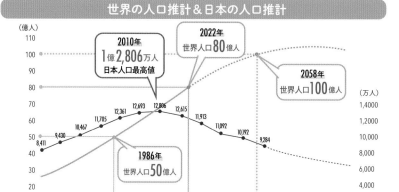

世界の人口推計＆日本の人口推計

（億人）
110
100
90
80
70
60
50
40
30
20
10
0

2010年
1億2,806万人
日本人口最高値

2022年
世界人口80億人

2058年
世界人口100億人

（万人）
1,400
1,200
10,000
8,000
6,000
4,000
2,000

8,411　9,430　10,467　11,705　12,361　12,693　12,806　12,615　11,913　11,092　10,192　9,284

1986年
世界人口50億人

1950 1960 1970 1980 1990 2000 2010 2020 2030 2040 2050 2060 2070 2080 2090 2100

出典：国連人口基金 駐日事務所（https://tokyo.unfpa.org/ja/news/wpp2022）の世界の人口推計に、内閣府『令和4年度高齢社会白書』第1章 高齢化の状況 p.4 の日本の人口推計を重ねて、編集部が作成。

海外の国が日本に来て起業するとか、海外の国が日本に投資するとか。外資の参入を嫌う人もいるかもしれませんが、そこを受け入れつつ、人口減少という問題を金融でサポートする必要があると思います。あとは、短期間で急激な成長が期待できる「スタートアップ企業」（170ページ）の支援です。

渡辺　問題は山積みだけど、悲観してほしくはないんですよね。向こう30年は「まだ1億人いる」わけですから。1億人って、決して無視できる規模ではない。

馬渕　依然として注目すべきマーケットの一つであることは事実ですよね、日本という国は。

▶「新生産年齢人口」実態に即した数字で考えよう

渡辺　あと、人口で触れておきたいのは「新生産年齢人口」です。

人生100年時代では、「新生産年齢」で考えるべき

総務省 人口推計
※年齢（5歳階級）、男女別人口
2022年10月概算値

年齢階級	区分	単位	男女計	男	女
総数	人口	万人	12483	6068	6415
0歳〜4歳	人口	万人	425	218	208
5歳〜9歳	人口	万人	495	253	241
10歳〜14歳	人口	万人	531	272	259
15歳〜19歳	人口	万人	550	282	268
20歳〜24歳	人口	万人	620	318	302
25歳〜29歳	人口	万人	637	327	310
30歳〜34歳	人口	万人	643	329	314
35歳〜39歳	人口	万人	720	366	354
40歳〜44歳	人口	万人	794	403	392
45歳〜49歳	人口	万人	946	479	467
50歳〜54歳	人口	万人	943	476	468
55歳〜59歳	人口	万人	807	404	404
60歳〜64歳	人口	万人	745	368	376
65歳〜69歳	人口	万人	753	366	387
70歳〜74歳	人口	万人	933	440	493
75歳〜79歳	人口	万人	704	316	388
80歳〜84歳	人口	万人	575	239	335
85歳〜89歳	人口	万人	396	143	253
90歳〜94歳	人口	万人	200	56	143
95歳〜99歳	人口	万人	57	11	45
100歳以上	人口	万人	9	1	8
15歳未満	人口	万人	1451	743	708
15歳〜64歳	人口	万人	7406	3751	3655
65歳以上	人口	万人	3627	1574	2053
うち75歳以上	人口	万人	1940	767	1173
うち85歳以上	人口	万人	661	212	449
15歳未満	割合	％	11.6	12.2	11.0
15歳〜64歳	割合	％	59.3	61.8	57.0
65歳以上	割合	％	29.1	25.9	32.0
うち75歳以上	割合	％	15.5	12.6	18.3
うち85歳以上	割合	％	5.3	3.5	7.0

生産年齢人口と新生産年齢人口

生産年齢人口	（15〜64歳）	7406
新生産年齢人口1	（20〜69歳）	7608
新生産年齢人口2	（20〜74歳）	8541

従来の生産年齢人口の計算だと7400万人なのが、
一般的に働きだす20歳、つまり5歳後ろにスライドすれば7608万人、さらに、上限を74歳に引き上げれば8500万人と、生産年齢人口が増えます。
人生100年時代では、これが現実的。

（注1）単位未満は四捨五入してあるため、合計の数字と内訳の計が一致しない場合がある。
（注2）令和2年（2020年）国勢調査による人口を基準としている。
※概算値の推計は、2022年9月の社会動態について、2017年9月の実績値を用いて算出している。

馬渕　"新"生産年齢人口ですか？

渡辺　生産年齢人口は「15〜64歳の人口」で、いわゆる労働力の中心となる年齢層です。でも、これってOECDが決めた定義なんですよ。日本もこの指標を採用していますが、今の時代にそぐわないと思いませんか？

馬渕　たしかに、15歳から働き始める人は少数ですよね。

渡辺　日本の高等学校等への進学率は95％を超えています。加えて、人生100年時代と言われる昨今、定年後に働く人も増えています。そこで、生産年齢人口の年齢層を5歳スライドさせた「20〜69歳」で見てみると……。

馬渕　なるほど、生産年齢人口が7406万人だったのに対し、新生産年齢人口は7608万人。200万人ほど増えましたね。

渡辺　もちろん、新生産年齢人口で見ると労働力が増えるから安心！…なんて話ではありません。将来的にはこの数字も縮小していくことに変わりありませんからね。ただ、いまなお政府やメディアで使用されることが多い「生産年齢人口」という指標は、実態に即した数字ではないんだよ、という話。こうした事実も理解しておいてほしいなと思います。

POINT

◎国内需要だけでなく、人口増で拡大を続ける世界マーケットを狙え。

◎日本が注力すべきは「金融業」「観光業」「スタートアップ支援」「製造業」。

◎生産年齢人口から5歳後ろにズラして"新"生産年齢人口にも注目。

労働力不足を補う外国人の重要性

☑日本で暮らす外国人は約276万人。

☑在留外国人が増える一方で、有能な研究者や技術者が海外流出しているという事実も。

出入国在留管理庁によれば、2021年末の在留外国人数は276万635人。コロナの影響によって前年末から4.4％減少したものの、21世紀に入って外国人人口は伸び続けている。

▶ 国際競争力を鍛えるうえで必須の外国人の労働力

渡辺 日本の人口減少を補うため、労働力として期待されるのが外国人です。外国人居住者の人口は、1990年では約98万人でしたが、2006年に200万人を突破。2021年はコロナの影響で前年から減少しましたが、それでも276万人を超えています。

しかし、それでも日本の総人口は減り続けているのが現状です。

馬渕 近年は、海外のホワイトカラーの受け入れ強化を進める動き

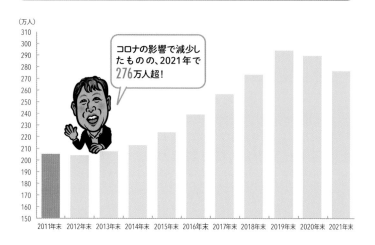

在留外国人数の推移（総数）

コロナの影響で減少したものの、2021年で276万人超！

出典：出入国在留管理庁「令和3年末現在における在留外国人数について」（2022年3月29日発表）資料を基に作成。

が見られます。2017年度の税制改正で国内外の財産に関する相続税の基準が見直されましたが、この目的の1つは「外国人労働者の雇用促進」です。以前の税制では、外国人が日本で亡くなった場合、国内財産と国外財産の両方が相続税の課税対象でした。そのことが優秀な外国人労働者を受け入れる障害になっていたんです。しかし、改正後はこの税負担が軽くなりました。

渡辺　やっているんですね、ちゃんとそういうことを。

馬渕　でも、役所における手続きでは課題が残ります。外国人が多い東京都港区ですら手続きが日本語なんですよ。近年は多言語対応も進められていますが、こうした言語面のサポートについて、まだまだ行政が話し合っている段階です。

渡辺　やっぱり翻訳機（145ページ）の普及は急務だなぁ。日本の経済が縮小してしまったら、日本に来て日本語を学ぼうとす

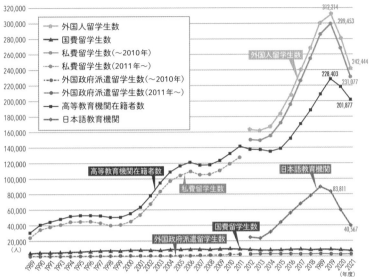

外国人留学生数の推移

出典：文部科学省「『外国人留学生在籍状況調査』及び『日本人の海外留学者数』等について」
（2022年3月）資料を基に作成。

る外国人も減ってしまうんですよね。また、英語や中国とは
違って、日本語は1億2600万人強しか話せない、汎用性の
低い言語だから……。

2010年代から外国人留学生の受け入れを強化して、その数
も伸び続けています。でも、これが将来的にも続くとは限り
ません。

馬渕 日本の魅力・価値が弱まれば、外国人人口の減少は十分に考
えられます。

渡辺 外国人の受け入れ強化を歓迎しない人がいるのもわかるけど、
受け入れて交流していかないと立ち行かないですからね。

馬渕 都心では「コンビニ店員が外国人」という光景も、すっかり
お馴染みになりました。

渡辺 そうでしょう。たまに「外国人の店員は遅い」といった文句
を聞きますが、コンビニで働くことができる外国人はエリー

19

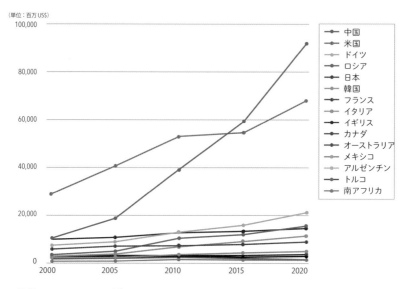

G20各国の研究開発費(政府負担額)推移

(単位：百万US$)

凡例：
- 中国
- 米国
- ドイツ
- ロシア
- 日本
- 韓国
- フランス
- イタリア
- イギリス
- カナダ
- オーストラリア
- メキシコ
- アルゼンチン
- トルコ
- 南アフリカ

資料：GLOBAL NOTE　出典：OECD

トですからね。

コンビニってやらなきゃいけない仕事ってめちゃめちゃ多いんですよ。ただレジを打つだけじゃなくて、ホットスナックの注文や宅配便の手続きなど、すべて日本語で理解してこなす必要がありますから。

今後、ますます国内で外国人と接する機会は増えていきます。消費者側にも理解が求められます。

▶研究者と技術者の海外流出

馬渕　外国人の受け入れだけでなく、日本人の海外流出も考えるべき問題ですよね。

渡辺　研究者や技術者の流出ですよね。一番の理由はお金でしょ？

馬渕　もっと学術に費用を充てるべきなんでしょうね。研究費が少

ないですから。ノーベル賞を受賞した日本人研究者のなかにも、海外を拠点としている方が何人かいましたよね。たぶん、日本で研究が続けられなかったんじゃないかな……と穿った見方をしてしまいます。

渡辺　各国の研究開発費を見ると、決して日本は低い数字ではありません。

ただ、米中の伸び率や政府負担率を見ると、日本政府が注力しているとは言い難い。

馬渕　近い将来、ノーベル賞を受賞する日本人は激減してしまうかもしれません。

渡辺　技術者の雇用環境も見直さないといけない。他国に人材と技術が奪われ続ければ、ますます日本の競争力が落ちてしまいますからね。

 POINT

◎外国人人口は増え続けているが、総人口は減り続けている。

◎外国人が日本で働きやすい環境を整える必要がある。

◎研究費や賃金を見直し、研究者と技術者の海外流出を防がなくてはいけない。

増え続ける日本の
空き家問題

☑日本の空き家数は849万戸で、7戸に1戸が空き家。

☑空き家は建っているだけで費用がかかる。たとえば、固定資産税。その他にも近隣住民に迷惑をかけないために雑草などの処理など。

☑そのまま放置しておくと、行政による撤去が実施され、その撤去費用を所有者が負担することになる。

総務省によれば、2018年の空き家数は848万9000戸で、前年比3.6％の増加。空き家率は13.6％で過去最高となった。空き家は20年間で約1.5倍に増加しており、住宅の除去・減築が進まない場合、民間シンクタンクの予測では2033年頃に空き家数2000万戸・空き家率30％に達するという。

▶ 空き家の4つの種類

渡辺　少子高齢化と人口減少によって、空き家問題が深刻になっています。

馬渕　2018年の空き家数は約849万戸、空き家率は13.6％でした。

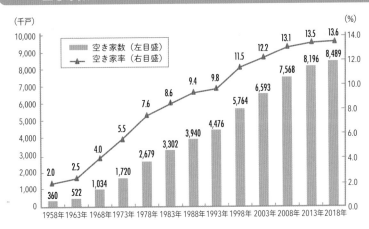

空き家数および空き家率の推移──全国（1958〜2018年）

（千戸）

- 空き家数（左目盛）
- 空き家率（右目盛）

年	空き家数	空き家率
1958年	360	2.0
1963年	522	2.5
1968年	1,034	4.0
1973年	1,720	5.5
1978年	2,679	7.6
1983年	3,302	8.6
1988年	3,940	9.4
1993年	4,476	9.8
1998年	5,764	11.5
2003年	6,593	12.2
2008年	7,568	13.1
2013年	8,196	13.5
2018年	8,489	13.6

出典：総務省「平成30年住宅・土地統計調査」を基に作成。

　　　日本の住宅は、およそ「7戸に1戸が空き家」という状態です。

渡辺　日本の住宅総数が約6200万戸であるのに対し、総世帯数は約5400万戸。世帯数は増えているんだけど、その理由は核家族化や未婚率の増加ですからね。高齢者の単身世帯も多く、孤独死が社会問題になっているなか、今後も空き家は増え続けるでしょう。

馬渕　空き家は大きく次の4種類に分けられます。
　　　・賃貸用の住宅…販売中の空き家（不動産会社が管理）
　　　・売却用の住宅…入居募集中の空き家（不動産会社が管理）
　　　・二次的住宅…別荘など（所有者が管理）
　　　・その他の住宅…上記以外の空き家（所有者が管理）
　　　一番の問題は利用目的が曖昧な「その他の住宅」で、その数はなんと約349万戸。実に空き家の約4割を占めています。

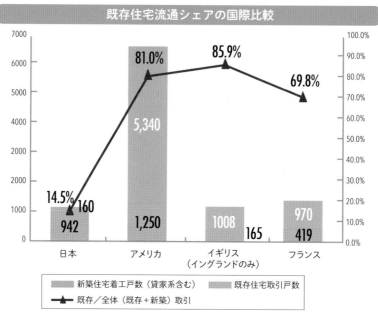

既存住宅流通シェアの国際比較

出典：総務省「平成30年住宅・土地統計調査」を基に作成。

渡辺　僕も故郷の浜松で持て余していた空き家があったのですが、幸運なことに買い手が見つかり、処分することができました。でも、周囲には空き家の管理に困っている人が少なくありません。どうしたらいいと思います？

馬渕　上手にリノベーションして「古民家カフェ」のように店舗として利用するなど、上手く商売に結びつけている例は増えていますけどね…。

渡辺　でも、それって空き家の立地に一定の価値があるから可能なプランなんですよね。

馬渕　そうなんですよ。中古住宅市場も都心の話題ばかりで、地方の物件についてはほとんど注目されていません。

▶ 日本人は新築信仰が強すぎる!?

渡辺 日本は中古住宅を活用する意識が低いんですよね。全住宅流通量に占める既存住宅の割合は、2018年で14.5%でした。一方、アメリカは81.0%、イギリスは85.9%、フランスは69.8%です。

馬渕 海外と比較すると、大きな差がありますね。

渡辺 日本は地震大国ですから、中古よりも新築を求める傾向が強いのかもしれません。ただ、それを差し引いても日本人は"新築信仰"が強すぎるんじゃないかな？ もちろん、新築が欲しくて、新築を購入できるだけの余裕がある世帯は、新築を購入すればいい。その分だけお金も動きますから。しかし、予算的に新築住宅が難しいという人は、もっと中古住宅に目を向けてもいいんじゃないかな。ホームインスペクション（建物状況調査）の義務化やリフォームに伴う補助金など、行政も施策を巡らせています。

馬渕 何かと「サステナブル」が注目を集めている昨今ですから、中古住宅のリフォーム・リノベーション市場も盛り上がるといいですね。

POINT

◎活用されていない空き家が全国に349万戸もある。

◎日本は海外と比較して中古住宅の流通が少ない。中古住宅の活性化が求められる。

◎リフォームや二次活用に対する補助金など、制度面のさらなる整備や周知が大切。

TOPIC 4

地方・中小企業の後継者不足問題！M&Aによる事業承継が急増中

☑ 2020 年に休廃業・解散した中小企業は 4 万 9698 件で、廃業理由の 29％が後継者不足によるもの。

☑ 中小企業の後継者不在率は 61.5％。

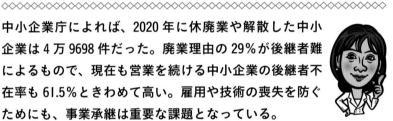

中小企業庁によれば、2020 年に休廃業や解散した中小企業は 4 万 9698 件だった。廃業理由の 29％が後継者難によるもので、現在も営業を続ける中小企業の後継者不在率も 61.5％ときわめて高い。雇用や技術の喪失を防ぐためにも、事業承継は重要な課題となっている。

▶ 経営者にも少子高齢化の影響

渡辺　人口減によって労働人口も減り続けるなか、企業の後継者不足が深刻です。現在、僕の知り合いの地方の製造メーカーは、社長さんが 2 代目なんです。まだ 40 代でお若いのですが、お子さんがいらっしゃらないため、まだ先のこととは言え、後継者についてはかなり悩んでましたね。

馬渕　中小企業や地方企業に多い問題ですね。

渡辺　2020 年に休廃業・解散した中小企業は約 5 万件ですが、廃

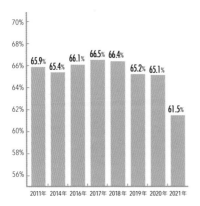 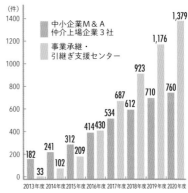

中小企業の事業承継の動向

後継者不在率の推移

資料：（株）帝国データバンク「全国企業「後継者不在率」動向調査」(2021年)

中小企業のM＆A実施状況

- 中小企業M＆A仲介上場企業3社
- 事業承継・引継ぎ支援センター

資料：中小企業庁「中小M＆A推進計画」
(注)「中小企業M＆A仲介上場企業3社」とは、（株）日本M＆Aセンター、（株）ストライク、M＆Aキャピタルパートナーズ（株）について、集計したもの。

出典：中小企業庁「中小企業白書2022版概要」(PDF版)p.24を基に作成。

業理由の約3割が後継者不足だったそうです。しかも、廃業事業者の約6割は黒字だったにもかかわらず廃業を余儀なくされています。

馬渕 赤字ならまだしも、黒字倒産は経済にとってデメリットでしかありません。そこで近年では、M&Aによる事業承継が活発化しています。

渡辺 M&Aと聞くと、大企業の買収や合併をイメージしてしまいますが、中小企業の事業承継を手掛けるM&Aが増えているんですね。

▶ 雇用や技術の損失を防ぐためのM＆A

馬渕 2010年代からM&Aに取り組む中小企業が増加していて、中小企業庁によれば、現在は年間3000～4000件の成約が

廃業件数が増加する中、6割が黒字廃業

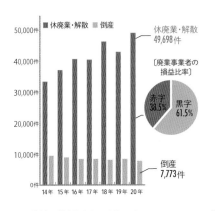

資料：(株)東京商工リサーチ。

廃業理由の3割が後継者難

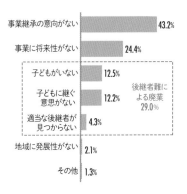

資料：日本政策金融公庫総合研究所「中小企業の事業承継に関するインターネット調査」(2020年)再編加工。

出典：中小企業庁「データで見る事業承継」を基に作成。

あると推計されています。

渡辺 2018年に『サラリーマンは300万円で小さな会社を買いなさい』(講談社／三戸政和・著)という書籍が話題になりましたよね。

馬渕 この本が発売された当時、私の周囲にも「100万円で売りに出ている企業を買おうかな？」と迷っている人がいました。

渡辺 規模の小さな企業ほど一族経営が多いでしょうし、他人に企業を譲ることに抵抗がある経営者もいるでしょう。でも、雇用や技術の損失を防ぐためにも、M&Aは重要ですね。

馬渕 経営者の高齢化も著しいですからね。若い世代に受け継ぐことによって、既存のサービスに新たなアイデアが加わり、事業を拡大できる可能性もあります。事実、同業他社と比較すると、事業承継実施企業の当期純利益成長率は20％ほど高くなっているそうです。

▶M&Aに関する注意点

馬渕 ただし、事業承継を検討する中小企業は、M&A の業者選び
に注意しなくてはいけません。

渡辺 何か問題があるんですか？

馬渕 現在は M&A による事業承継の過渡期なので、健全な業者の
なかに怪しい業者が紛れ込んでるんですよ。成約が難しそう
な中小企業だとわかっていながらマッチングして、紹介料だ
け受け取るとか……。

渡辺 そういう輩はどこにでも現れますよね。後継者不足を救う切
り札なんだから、水を差すようなことはしないでほしいな。

 POINT

◎黒字倒産を放置するのは日本経済にとって大きなデメリット。

◎M&A は、雇用と技術を守るうえで重要な切り札となる。

◎事業承継を行なった中小企業は、同業他社と比較して当期純利益成長
　率が約 20％も高い。

◎M&A の業者選びは慎重にする必要がある。

人口減少に伴い、コンビニも進化する

☑ 2022 年のコンビニ店舗数は 5 万 5830 店。
☑ 2021 年のコンビニの年間売上高は 10 兆 7816 億円。

日本フランチャイズチェーン協会によれば、2022 年 10
月末時点のコンビニ店舗数は 5 万 5830 店。1990 年代か
ら順調に店舗数を伸ばし続けてきたコンビニだったが、
2017 年に 5 万 5000 店舗を突破したところで新規出店数
は鈍化。年間売上高も 2015 年から 10 兆円前後の推移が
続き、コンビニ市場は飽和状態にある。

▶ 「若者の店」から「高齢者の店」に

渡辺　日本のコンビニは「社会の縮図」と言っても過言ではなく、
　　　人口とも大きな関わりがあります。たとえば、高齢化の波は
　　　コンビニの客層分布にも反映されていて、セブン‐イレブン
　　　が公表している来店客の年齢分布は次の通りです。

	1999 年	2009 年	2019 年
20 歳未満	17%	10%	7%

高齢化する日本の人口分布とセブン-イレブンの来店客分布

セブン-イレブンの来店客の年齢分布の変化

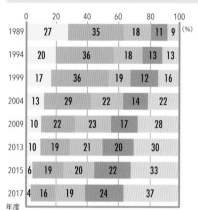

年度	20歳未満	20〜29歳	30〜39歳	40〜49歳	50歳以上
1989	27	35	18	11	9
1994	20	36	18	13	13
1999	17	36	19	12	16
2004	13	29	22	14	22
2009	10	22	23	17	28
2013	10	19	21	20	30
2015	6	19	20	22	33
2017	4	16	19	24	37

（%）

■20歳未満 ■20〜29歳 ■30〜39歳
■40〜49歳 ■50歳以上

出典：株式会社セブン＆アイ HLDG.「コーポレートアウトライン」を基に作成。

人口の年齢分布の変化

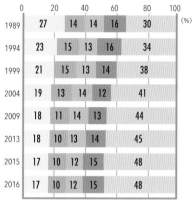

年度	20歳未満	20〜29歳	30〜39歳	40〜49歳	50歳以上
1989	27	14	14	16	30
1994	23	15	13	16	34
1999	21	15	13	14	38
2004	19	13	14	12	41
2009	18	11	14	13	44
2013	18	10	13	14	45
2015	17	10	12	15	48
2016	17	10	12	15	48

（%）

■20歳未満 ■20〜29歳 ■30〜39歳
■40〜49歳 ■50歳以上

出典：厚生労働省「人口動態調査」を基に作成

20〜29歳	36%	22%	17%
30〜39歳	19%	23%	17%
40〜49歳	12%	17%	23%
50歳以上	16%	28%	37%

馬渕 1999年は10代・20代が圧倒的でしたが、2009年には50歳以上の来店客が最も多くなってるんですね。

渡辺 そうなんです。90年代は「若者の店」というイメージが強かったコンビニですが、いまや完全に中年・老年がメインターゲットなんです。高齢者がコンビニに足を運ぶようになったのは、単純に高齢者の数が増えたからだけではありません。国土交通省の調査によると、高齢者が休憩せずに歩ける歩行継続距離は500〜700メートルだそうです。生活圏が狭まったとき、スーパーとコンビニのどちらが利用しやすいかと

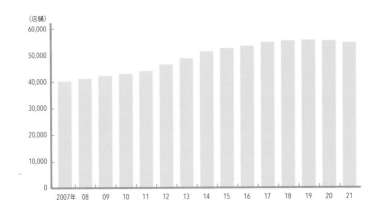

コンビニエンスストアの店舗数の推移

（店舗）

※店舗数は各年末時点。2020年は10月末。
出典：日本フランチャイズチェーン協会調べ。

いうと、当然店舗数で上回るコンビニなんですよ（コンビニ
は全国約5万6000店舗、スーパーは全国約2万2000店舗）。
客層の変化とともに、コンビニの商品も変化しました。単身
世帯や高齢者に向けて、1〜2人前の小分けの惣菜が増えた
り、健康を意識したメニューが増えているんです。

▶「自販機コンビニ」と「無人コンビニ」という 人手不足解消策

馬渕 コンビニの店舗数が停滞気味なのも人口と同じく今がピーク
だからということなんですね。

渡辺 そのとおりです。人口や世帯数がピークに達すれば、当然店
舗数が増えるわけがないんですよ。人口はすでに減り続けて
いるし、世帯数も2020年代後半から減少傾向に入ると言わ

れています。これに伴い、コンビニの店舗数も減少する可能性があります。

コンビニ業界も売上を確保するため、近年は工場やオフィスビルなどのマイクロマーケットに「自販機コンビニ」を設置や「無人コンビニ」など、新たな形態にチャレンジしています。

馬渕　食品自販機は駅ナカでも見かける機会が増えましたよね。コンビニも参入しているんですね。自販機コンビニは、人手不足にも役立ちそうです。

▶ アバター店員と新たな雇用創出

渡辺　人手不足で言えば、都心を中心に無人店舗の導入も進められています。

あと、ローソンが2022年11月に都内でオープンした「グリーンローソン」では、"アバター店員"による接客が試験的に始められています。

馬渕　アバター店員は、具体的にどのような接客をするんですか？

渡辺　セルフレジ横のディスプレイにアバター店員がいて、セルフレジの使い方やオススメ商品を教えてくれます。アバター店員は「そらと」さんと「あおい」さんという2名がいて、僕が視察に訪れたとき、アバターを遠隔操作していたのは淡路島在住の年配男性でした。

馬渕　「人手不足の都市部」と「仕事不足の地域」をつなぐ、新たな雇用創出になりそうです。

渡辺　ローソンは、2025年までにアバター操作者を1000人雇用する予定です。コンビニはフランチャイズなので「アバターにかかるコストを本部とオーナーでどう費用負担するか」などの課題も残っています。

でも、トライ＆エラーを繰り返しながら、ぜひとも推進して
ほしいですね。

◎客層の高齢化に伴い、コンビニの商品も健康志向にシフトしている。
◎アバター店員の導入が進めば「都市部の人手不足」や「地方の雇用
　創出」の解決に期待できる。

エネルギー価格高騰で露呈した日本のエネルギー問題

☑日本の年間エネルギー消費量は、4億2372万トンで世界5位。

☑日本のエネルギー自給率はわずか12.1％。

エネルギー庁によれば、2019年の日本のエネルギー自給率は12.1％でOECD36ヵ国中35位だった。電力発電量に占める燃料の割合は、天然ガス・石油・石炭などの化石燃料が75.8％で、そのほとんどが海外からの輸入に頼っている状態だ。

▶ 意外と高い？　欧州の原発電力量

渡辺 日本の一次エネルギー消費量は、年間4億2372万トン（石油換算／BP統計2021年）で世界5位です。しかし、これだけのエネルギー消費大国でありながら、エネルギー自給率はわずか12.1％という寂しい数字です。

馬渕 いかにして海外依存から脱却するか、ですね。

渡辺 原発再稼働か、はたまた再エネ（再生可能エネルギー）の推進か。原発に対しては、多くの日本人が感情的な問題を抱え

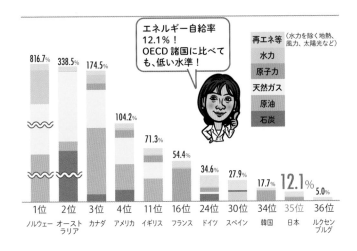

出典：資源エネルギー庁「広報パンフレット」（2022年2月発行）p.1 を基に作成。
※表内の順位は OECD36 カ国中の順位。
※一次エネルギー：石油、天然ガス、石炭、原子力、太陽光、風力などのエネルギーの元々の形態。

ている点にも配慮が必要です。

また、放射性廃棄物の適切な処分の実現も必要不可欠です。

馬渕 欧州は再エネが進んでいるイメージがあると思いますが、原発の割合は決して低くないんですよね。フランスなんて電力比率の70％以上が原発ですよ？

渡辺 東日本大震災以前の日本でも原発の電力比率は30％でしたから、相当の割合ですよね。まあ、日本は地震という災害リスクを抱えていますから、一概に欧州とは比較できませんが、「欧州もわりと原発を使用している」という事実は意外と知られていない気がしますね。

いずれにしても、日本の再エネ比率が低いことに変わりないので、再エネには力を入れなくてはいけません。

主要国の発電電力量に占める再エネ比率の比較

（発電電力量に占める割合）

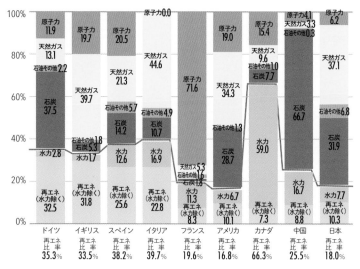

出典：資源エネルギー庁「広報パンフレット」（2022年2月発行）p.13を基に作成。

▶ 再エネ主力化のカギを握る蓄電池産業

馬渕　2022年は、ロシアのウクライナ侵攻に端を発したエネルギー危機が起こりました。

渡辺　とくに欧州は大打撃を受けましたよね。各国で燃料高騰の抗議デモが起こり、年内での原発の稼働停止を予定していたドイツは、2023年4月まで継続運転する方針を示しています。

馬渕　もちろん、日本も他人事ではありません。ガソリン、電気、ガスなどの高騰が相次ぎ、政府も補助金を投入しています。

渡辺　2000年初頭に、商品開発でベトナムや中国を訪れたときに「よく停電する」という話を聞いて、「なんてレベルの低い国だ！」と思ってしまったんですよ。

　　　でも、今回のエネルギー危機を受けて、自分は無知だったん

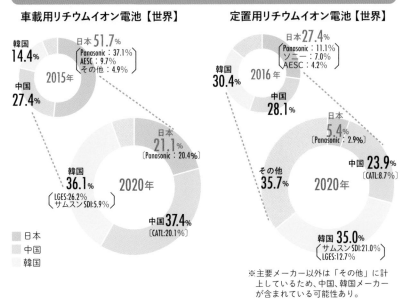

国別・メーカー別のシェア推移

車載用リチウムイオン電池【世界】

2015年
日本 **51.7**%
〔Panasonic：37.1%〕
〔AESC：9.7%〕
〔その他：4.9%〕

韓国 **14.4**%

中国 **27.4**%

2020年
日本 **21.1**%
〔Panasonic：20.4%〕

韓国 **36.1**%
〔LGES:26.2%〕
〔サムスンSDI:5.9%〕

中国 **37.4**%
〔CATL:20.1%〕

日本
中国
韓国

定置用リチウムイオン電池【世界】

2016年
日本 **27.4**%
〔Panasonic：11.1%〕
〔ソニー：7.0%〕
〔AESC：4.2%〕

韓国 **30.4**%

中国 **28.1**%

2020年
日本 **5.4**%
〔Panasonic：2.9%〕

中国 **23.9**%
〔CATL:8.7%〕

その他 **35.7**%

韓国 **35.0**%
〔サムスンSDI:21.0%〕
〔LGES:12.7%〕

※主要メーカー以外は「その他」に計
上しているため、中国、韓国メーカー
が含まれている可能性あり。

出典：経済産業省「蓄電池産業戦略」（2022年8月31日公表）p.4 を基に作成。

だなと思い知らされました。エネルギーの海外依存が高い日本は、有事の際にはいとも簡単にエネルギー不足に陥る。エネルギー自給率の低い国は、そういうリスクをつねに抱えているということなんですよね。

馬渕 エネルギー問題を解決する方法として期待されるのは"蓄電池産業"です。

渡辺 蓄電池の世界市場は、2010年代から急速に伸び始めています。メーカー別シェアを見ると、当初は日本メーカーが優位にシェアを確保していましたが、あっという間に中韓メーカーに奪われてしまいました。

馬渕 この状況を打開するため、経済産業省が「蓄電池戦略」を打ち出しています。2030年までに蓄電池産業にかかわる人材3万人の育成・確保を目指すそうです。

渡辺 EV車などの車載用蓄電池にも期待ですが、やっぱりエネル

ギー対策の期待感が大きいです。定置用の蓄電としてはもちろん、「蓄電池を用いた大容量の電気の運搬」が実現したら日本のエネルギー自給率は大きく変わります。

馬渕　洋上風力発電の話ですね。「1社独占」の落札や「あまりにも低すぎ価格」での落札となると、「日本の洋上風力発電は儲からない」と国内外の企業の参加意欲が削がれます。可能性がある分野ですので、企業が活発に市場参加をしてほしいです。

渡辺　そうです。海洋国家である日本にとって、洋上風力発電は重要な再エネです。しかし、送電手段となる海底ケーブルの設置には莫大なコストがかかると言われています。

この問題をクリアするのが蓄電池です。大容量の蓄電池を積んだ船で電気を運搬できれば、日本の再エネは爆発的に広がりますよ。

馬渕　電気運搬船のプロジェクトは、すでにベンチャー企業「パワーエックス」が開始しています。蓄電池産業の発展とともに、非常に楽しみな話題ですね。

▶ メタンハイドレートの今

渡辺　そう言えば、メタンハイドレートってどうなりました？
以前、日本の海底に大量のメタンハイドレートが眠っていると話題になり、「次世代エネルギーの救世主だ！」的な感じで盛り上がった記憶がありますけど。

馬渕　久しぶりに聞きました！　ちょっと調べてみましょうか……。

渡辺　お願いします。

馬渕　経済産業省の委託を受けて、民間主導のプロジェクトが進められていますね。ただし、現在でも長期的な安定生産を目指した技術開発や採掘場所の調査が続いている状態で、まだ実

現には時間がかかりそうです。

渡辺　なるほど。メタンハイドレートは、再エネとは異なる燃料資源ですが、こちらも実現の目処が立てばエネルギー自給率の底上げにつながります。再エネの推進と平行して、メタンハイドレートの事業にも期待しましょう。

POINT

◎海外依存を抑え、エネルギー自給率を高める必要がある。

◎蓄電池の技術が進めば、再エネを主力電源にすることも可能。

◎メタンハイドレートの安定生産が実現したら、エネルギー自給率アップの救世主になるかも!?

食料自給率と
食品ロス問題

☑ 日本の総合食料自給率は 38%（カロリーベース）。

☑ 日本の食品ロス量は年間 522 万トンで、国民 1 人当たり
年間約 41 キログラムの食品を廃棄している。

2021 年度の日本の総合食料自給率は生産額ベースで 63%、カロリーベースで 38%（農林水産省）。先進国のなかでも自給率は低く、食料安全保障が課題となっている。一方、自給率が低いながらも食品ロス量は年間 522 万トンで、そのうち事業系食品ロスは 275 万トン（53%）、家庭用食品は 247 万トン（47%）。事業系食品ロスが問題視されことが多いが、家庭用食品ロスも半分近くを占めている。

▶ 自給率低下は食料安全保障を脅かす

渡辺　エネルギー自給率と同様、食料自給率についても考えなくてはいけません。農林水産省によれば、2021 年度の総合食料自給率は生産額ベースで 63%、カロリーベースでは 38% でした。

日本では単に「（総合）食料自給率」と呼ぶときはカロリー

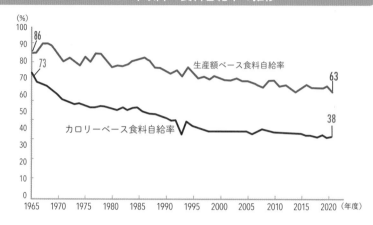

1965 年以降の食料自給率の推移

86
73
生産額ベース食料自給率
63
カロリーベース食料自給率
38

1965　1970　1975　1980　1985　1990　1995　2000　2005　2010　2015　2020 （年度）

出典：農林水産省「食料自給率の推移」を基に作成。

ベースの数字を指すことが多いです。海外と比較すると、低いことがわかりますね。

馬渕　生産額ベースとカロリーベースの違いは何でしょう？

渡辺　計算式で説明すると次の通りです。

・生産額ベース＝
　国内生産額÷国内消費仕向額×100
・カロリーベース＝
　国民 1 人当たり国産供給熱量÷国民 1 人当たり供給熱量
　×100

食料全体を「生産額」に換算し、国内生産で賄われている額の割合を算出するのが生産額ベース。

一方、国民が消費する食料を「熱量（カロリー）」に換算し、

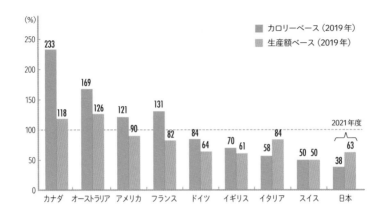

日本と諸外国の食料自給率

(%)

■ カロリーベース（2019年）
■ 生産額ベース（2019年）

2021年度

カナダ 233 118 / オーストラリア 169 126 / アメリカ 121 90 / フランス 131 82 / ドイツ 84 64 / イギリス 70 61 / イタリア 58 84 / スイス 50 50 / 日本 38 63

出典：農林水産省「諸外国・地域の食料自給率等」を基に作成。

国内生産で賄われている熱量の割合を算出するのがカロリーベースです。

なお、この2種類の算出方法とは別に、米、野菜、肉類などの品目別自給率では

「重量ベース（国内生産量÷国内消費仕向量）×100」

で算出されています。

馬渕　海外の総合食料自給率は生産額ベースが主流のようですが？

渡辺　カロリーベースを採用するのは世界的にも珍しいですね。「自給率38%」と聞くと低いように感じますが、この数字を下げているのは、肉類や卵などの「畜産物」です。畜産物を育てるためには飼料が必要ですが、この飼料の多くは輸入に頼っています。このため、外国産飼料で育てられた畜産物を

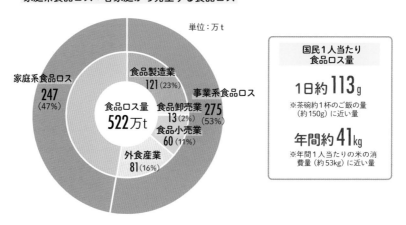

事業系食品ロスと家庭系食品ロスの比率

事業系食品ロス：事業活動を伴って発生する食品ロス
家庭系食品ロス：各家庭から発生する食品ロス

単位：万t

家庭系食品ロス
247
(47%)

食品製造業
121 (23%)

事業系食品ロス
275
(53%)

食品ロス量
522万t

食品卸売業
13 (2%)

食品小売業
60 (11%)

外食産業
81 (16%)

国民1人当たり
食品ロス量

1日約113g
※茶碗約1杯のご飯の量
（約150g）に近い量

年間約41kg
※年間1人当たりの米の消
費量（約53kg）に近い量

出典：総務省「人口推計」、農林水産省「令和元年度食料需給表」を基に作成。

除いた自給率も算出されています。

　たとえば、2021年度の鶏肉の食料自給率（重量ベース）は66％ですが、外国産飼料で育てられた鶏肉を除くと8％まで下がってしまう。カロリーベースでは外国産飼料で育てられた畜産物を除いて算出しています。畜産物は野菜などに比べてカロリーが高いので、結果的に総合自給率が低くなってしまうんです。

馬渕 そうだったんですね。

渡辺 やや印象操作の感も否めず、カロリーベースの総合食料自給率を問題視する声もあります。

　とは言え「日本人が1日に摂取するカロリーのうち、国産の食料が占める割合は40％未満」というのは事実です。

馬渕 エネルギー自給率と同じように、海外依存が高いと、有事の際に厳しい状況に追い込まれてしまう。食料安全保障は重要

食品ロスの推移（2012年度～ 2020年度）

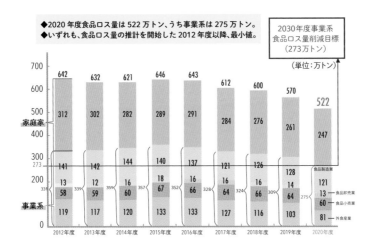

◆2020年度食品ロス量は522万トン、うち事業系は275万トン。
◆いずれも、食品ロス量の推計を開始した2012年度以降、最小値。

出典：農林水産省「食品ロス及びリサイクルをめぐる情勢」を基に作成。

事項ですね。

▶ 国産への切り替えで自給率アップ

渡辺 品目別で注目したいのは「小麦」です。農林水産省によれば、現代の日本人の主食は、米が41.1%、パンが18.7%、麺類14.1%だそうです。

馬渕 パンと麺類を合算すると32.8%。主食における小麦の需要は3分の1を占めているんですね。

渡辺 そうなんです。ところが、小麦の国内自給率は17%で、グローバルの環境に依存しています。

馬渕 小麦の国際相場が高騰し、日本でも多くの小麦製品が値上げされました。

渡辺 輸入小麦の高騰が続くなか、各所で国産小麦に切り替える動

きが始まっています。街のパン屋が国産小麦を積極的に使うようになったほか、熊本県では 2022 年 9 月から公立小中学校の給食パンが国産小麦 100％に切り替えました。また、大手コンビニチェーンのセブン-イレブンも、2022 年秋以降からうどんの一部商品から原料を国産小麦に切り替えることを発表しています。

馬渕 国産の需要が増えているんですね。

渡辺 供給先が確保できれば、農家の安定収入・安定供給も可能です。現在、政府は輸入小麦の高騰を抑える補助と、国産小麦の供給を支援する補助を行なっていますが、いつまでも補助できるわけではありません。

小麦に限らず、消費者が国産消費を意識することで、国産食料の需要が増えて自給率の増加に繋がるのではないでしょうか。

▶ 食のブランディングで海外市場を攻める

渡辺 ここまでは「守り」に視点を置いた話が中心でしたが、やはり「攻め」についても語りたいところです。

馬渕 「攻め」と言うと、国産食料の輸出でしょうか。

渡辺 そのとおりです。日本産は品質が高いので、海外でも人気ですからね。

自給率アップは、安全保障の面だけでなく海外に向けたビジネスにおいても重要です。「和牛」や「寿司」の認知はだいぶ広がっていますが、他にも、最近では「焼き芋」がおもしろいことになっています。大手ディスカウントストアのドン・キホーテは国内店舗で焼き芋を販売していますが、実は海外店舗でも扱っていて東南アジアで大人気なんです。

馬渕 東南アジアに焼き芋文化ってあるんですか？

渡辺　あるらしいのですが「日本産の焼き芋は甘さが違う！」と、行列ができているんです。

馬渕　日本でもちょっとした焼き芋ブームが起きていますよね。「安納芋」や「紅はるか」など、以前よりもサツマイモのブランドを耳にする機会が増えました。

渡辺　そうなんです。ブランディングして、国内だけでなく海外にも市場を広げたい。

実際、こうした動きは以前から進められていましたが、ここ数年は中国や韓国に品種がパクられまくってヒドイことになっている。「シャインマスカット」の流出は、ニュースでもよく取り上げられていました。

馬渕　農林水産省の推計では、中国に無断流出されたシャインマスカットの損失額は、年間100億円とのことです。こうした背景を受けて2020年に種苗法が改正されるなど、国産ブランド食品をどう守っていくかが課題です。

▶ 食品ロスの約半分は、家庭系食品ロス!?

渡辺　食料自給率と関連して「食品ロス」にも触れておきましょう。

馬渕　2020年度の食品ロス量は522万トンでした。事業系が275万トン、家庭用が247万トンで、緩やかな減少傾向にあると言えます。

渡辺　僕の予想では、事業系の食品ロスは今後もどんどん減っていくと思います。SDGsの観点から、食品に携わるあらゆる業界が工夫を重ねていますから。コンビニ業界でも常温弁当（20℃以下）からチルド弁当（5℃以下）を増やして消費期限を伸ばしたり、冷凍食品の比率を高めたりと、食品ロスに向けた改革が進められています。だから、どちらかと言えば、問題は家庭系の食品ロスだと思うんですよね。

馬渕　事業系の食品ロスばかりが槍玉に挙げられることが多いですが、実は家庭系の食品ロスが半分を占めています。これは、意外と知られていない数字ではないでしょうか。

渡辺　そうなんですよね。しかも、家庭系食品ロスに関しては、個人の意識に委ねられる部分が大きいので、事業系のように業界全体で取り組んでロスを減らすという対策が立てにくいんですよね。

馬渕　推移を見ると、家庭系食品ロスも事業系と同じような減り方を見せていますが？

渡辺　各家庭がロスを減らそうと意識した結果も反映されていると思います。でも、イヤな話になってしまいますが、どちらかというと貧困化による節約意識の影響が大きいと思うんですよ。

馬渕　なるほど……。

渡辺　もちろん、ロスが減ること自体は良いことなので、そこまでネガティブに捉えても仕方ないんですけどね。馬渕さんの観点から、食品ロスを減らす方法はありますか？

馬渕　家庭用ならば、行動変容を促すアイデアの提供です。家電メーカーが自社の商品にクラウドサービスやAIを搭載させて、冷蔵庫とスマホアプリを連動させる取り組みが進んでいます。外にいても冷蔵庫に残った食材を確認できるので、無駄な買い物を減らせるほか、残った食材からレシピを提案して「これを買い足しましょう」などと教えてくれる。企業のDXが進んでいるように、家庭に対してもDX的なアプローチで家計を助けるサービスが増えています。

渡辺　日本人には「もったいない精神」があると言われながらも、その精神とは逆の消費行動をとるケースが目立ちます。
　　　環境省、農林水産省、消費者庁では、すぐに食べるなら手前の商品を選ぶ「てまえどり」の協力をお願いするPOPを大

手コンビニ各社などに掲出し、啓蒙する活動を実施しています。

「初心に返る」という表現が適切かはわかりませんが、前向きな気持ちでロス削減に取り組みたいですよね。「家計が苦しいから節約する」よりも「未来のためにロスを減らす」のほうが気持ちいいじゃないですか。

POINT

◎食料自給率を上げることは、食料安全保障において重要。

◎国産消費を意識することで国産食料の需要が高まり、自給率アップにつながる。

◎食料自給率を上げれば、海外に国産食料を売り出すチャンスも増える。

◎食品ロス削減に向けた取り組みは、事業系で活性化している。家庭系では個人一人ひとりの意識改革が求められる。

脱プラとリサイクル問題は、消費者の意識で決まる!?

- ☑日本のごみ総排出量は年間 4167 万トン、世界で 4 番目に多い。
- ☑日本人 1 人当たり毎日 901 グラムのごみを出している。
- ☑レジ袋有料化によってスーパー＆コンビニのレジ袋辞退率は 8 割近くとなった。

環境省によれば、2020 年の一般廃棄物（ごみ）の総排出量は 4167 万トン。内訳は生活系ごみが 3002 万トン、事業系ごみが 1165 万トンで、家庭系ごみが 70％以上を占めている。また、廃プラスチックは年間 822 万トンで、そのうち最も多いのは容器包装。UNEP によれば、1 人当たりプラスチック容器包装の廃棄量は、アメリカに次いで日本が 2 番目に多いという。

▶ レジ袋有料化が与えた影響

渡辺　先進国の課題としてごみの排出量を減らす取り組みが進められています。

馬渕　2020 年度の日本のごみ総排出量は 4167 万トン。基本方針

日本のごみの排出・処理状況

ごみ排出の状況	ごみ総排出量	4,167 万トン（前年度 4,274 万トン）[2.5 % 減]
	1人1日当たりのごみ排出量	901 グラム（前年度 918 グラム）[1.9 % 減]
ごみ処理の状況	最終処分量	364 万トン（前年度 380 万トン）[4.2 % 減]
	減量処理率	99.1 %（前年度 99.0 %）
	直接埋立率	0.9 %（前年度 1.0 %）
	総資源化量	833 万トン（前年度 840 万トン）[0.9 % 減]
	リサイクル率	20.0 %（前年度 19.6 %）

出典：環境省「一般廃棄物の排出及び処理状況等について（令和4年3月29日現在）」を基に作成。

でベースラインとしている 2012 年度の 4523 万トンを 8 年連続で下回っている状態です。

渡辺　注目したいのは、家庭系ごみが 3002 万トンという数字です。実に 7 割以上を占めているんですね。

馬渕　国民 1 人ひとりが少しごみを減らすように意識するだけで大きく変わりそうです。

渡辺　とは言え、一度慣れてしまった生活を変えることは難しいんですよね。そのため、ごみの総排出量はひとまず「底打ち」とも言われていて、近年は「脱プラスチック」に注目が集まっています。

馬渕　近年で大きく変わったことと言えば、2020 年 7 月から始まったレジ袋有料化ですよね。小売り大手のイオンでは、2020 年度の有料レジ袋の収益が 1 億 8062 万円もあったそうです。この全額が地域の自治体や団体に寄付され、環境保

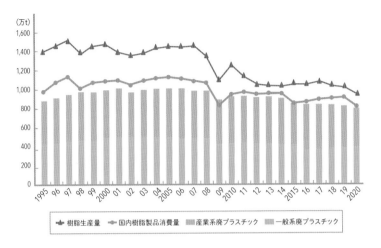

プラスチックの生産量・消費量・排出量の推移

（万t）

凡例：
- 樹脂生産量
- 国内樹脂製品消費量
- 産業系廃プラスチック
- 一般系廃プラスチック

※樹脂生産量以外の2015年以降のデータは2020年度に見直しを行なった最新のデータを基に再計算された数値。
出典：プラスチック循環利用協会「プラスチックリサイクルの基礎知識2022」を基に作成。

全活動に使用されています。

渡辺 イオンに限らず、ほかのスーパーやコンビニでもレジ袋の収益を寄付に回すという活動が広がっていますね。

馬渕 もちろん、消費者の意識も変わりました。有料化後、レジ袋の辞退率はスーパーが約57%から約80%、コンビニは約23%から約75%に増加し、大きな効果が見られます。

渡辺 プラスチックごみのうち、レジ袋が占める割合は2%だったため、世間では「意味がない」といった揶揄もありました。でも、脱プラに向けた第一歩として、消費者の意識を変えることは非常に重要で、むしろ大きな意味があったと言えます。やや辛辣な言い方をすれば、「強制しないと意識が変わらない」ということを証明してしまったわけですが。

ペットボトルの回収率の推移

(千トン)
- 市町村分別収集量
- 指定ペットボトル販売量
- 事業系ボトル回収量
- 回収率

出典：PETボトルリサイクル推進協議会「PETボトルの回収率（従来指標）の推移」を基に作成。

▶ ペットボトルの回収率は約97%

馬渕 レジ袋の辞退率は現状の8割程度が限界との見方があり、脱プラに向けた取り組みは、次のステージに入っています。

渡辺 弁当の容器やお菓子の袋などの「容器包装」や「ペットボトル」に含まれるプラスチック使用量を減らす取り組みが進んでいますね。あとは脱プラと並行して「リサイクル」の推進も大切。プラスチック類のなかでもペットボトルの回収率は世界的にも高く、なんと約97%（2020年）なんですよ。

馬渕 ほとんど回収されてるんですね。

渡辺 しかも、その回収されたペットボトルのうち、86%がリサイクルされています。回収率が高い現状で物申すのも何ですが、個別で回収が進んでいる点が気になるんですよね。

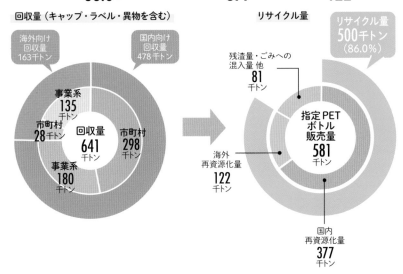

ペットボトルのリサイクル率

リサイクル率 **86.0**%、リサイクル量 国内 **377** 千トン　海外 **122** 千トン

回収量（キャップ・ラベル・異物を含む）

海外向け回収量 163千トン

国内向け回収量 478千トン

事業系 **135** 千トン

市町村 **28** 千トン

回収量 **641** 千トン

市町村 **298** 千トン

事業系 **180** 千トン

リサイクル量

リサイクル量 **500千トン**（86.0%）

残渣量・ごみへの混入量 他 **81** 千トン

指定PETボトル販売量 **581** 千トン

海外再資源化量 **122** 千トン

国内再資源化量 **377** 千トン

※端数処理のため、数値が合わない場合がある。
出典：PETボトルリサイクル推進協議会「PETボトルリサイクル年次報告書2022」を基に作成。

馬渕　個別と言いますと？

渡辺　たとえば、セブン-イレブンとコカ・コーラが共同企画した「セブンプレミアム一緑茶一日一本」という商品は、セブン店頭で回収された使用済みペットボトルを100％原料として再生する世界初の「完全循環型ペットボトル」を実現しています。また、ローソンとキリングループも両者のインフラを活用したペットボトル容器回収の実証実験を行なっており、これらの活動は言うまでもなくすばらしいことなんです。でも、もっと政府主導でまとめてやるべきことなんじゃないかと思うんです。

馬渕　企業ごとのアピールも必要なので、難しいところですね。

渡辺　そうか、SDGsか。

馬渕　脱プラなどの環境問題に対する取り組みを、「○年後までにCO2を○％削減します」といった明確な数字を決算資料に

記載しないといけないんですよ。現段階ではパフォーマンスが先行している感は否めませんが、こうした取り組みは既定路線ですから、あとから実態がついてくるのだと思います。

渡辺　なるほど、そういう事情があるんですね。

でも、やっぱり企業ごとだと効率が悪い面がありますよね。少なくともリサイクルに関する取り組みは、国の主導で回収ボックスを設置するとか、してほしいなぁ。

▶ 開発が進むプラスチック代替製品

渡辺　脱プラが進むことによって、容器などを製造するメーカーが大変という話も聞きますよね。

馬渕　もちろん、苦労されているメーカーも多いと思いますが、以前から環境を意識した開発が進められています。まだまだコストは高くなりますが、その姿勢が株式市場では評価されています。

渡辺　この分野の技術は高いんですか？

馬渕　高いですよ。化学系の素材を作る優秀な企業はたくさんあり、日本の成長力の軸になるとも言われています。脱炭素社会に向けたバイオプラスチックはその一例ですし、最近ではカミーノというスタートアップ企業の新素材「PAPLUS（パプラス）」に注目が集まっています。

渡辺　聞いたことあります。

馬渕　紙とトウモロコシを原料とした植物由来99％以上の素材ながら、プラスチック製品の代替になるんです。私も実際に現物を触りましたが、プラスチックと遜色ないんですよ。しかも処分する際は燃えるごみとして処理でき、既存のプラスチックに比べて廃棄までの CO_2 は80％削減されるそうです。

渡辺　これだけ企業が頑張ってるんだから、我々消費者も頑張らな

くてはいけません。僕としては、もっと「マイボトル化」を
広めたいんですよね。

馬渕　コーヒーショップでマイボトルの導入が進んでいますね。

渡辺　すばらしい取り組みです。でも、今後はコンビニでもカウン
ターコーヒーからマイボトルやマイカップが広がるといいなと
思うんですよ。レジ袋を減らす取り組みは、かねてからスー
パーが進めていましたが、有料レジ袋が原則義務化になる
までは、辞退率57％に留まっていたわけです。

でも、原則義務化にして、全国5万6000店舗もあるコンビ
ニを巻き込んだ結果、8割前後まで上がったじゃないですか。
やっぱりコンビニって、消費者に対する影響力が大きいんで
すよ。だから、マイボトルやマイカップもコンビニを巻き込
むことで一気に普及することに期待したい。

馬渕　各業界・各企業の取り組みと、それに伴う消費者の変容。両
面から脱プラをはじめとした環境意識が高まるといいですね。

 POINT

◎レジ袋有料化は、物理的な削減量よりも環境意識を根付かせる意味が
大きい。

◎日本のごみは家庭系ごみが7割以上を占める。一人ひとりがごみを減
らす意識が重要。

◎レジ袋有料化の次の推進策としては「マイボトル化」。

第 2 章

経済と生活

GDP と
GDP ギャップ

☑日本の名目 **GDP** は約 **541** 兆円（**2021** 年）で、世界第 **3** 位。

☑日本の **GDP** の **5** 割は個人消費で占められている。

2021 年度の名目 GDP は約 541 兆円で、アメリカ、中国に次いで世界第 3 位だった。人口減少と長引く不況によって、GDP 成長率は主要先進国と比較しても伸び悩んでおり、1 人当たり名目 GDP では OECD 加盟国の中で 19 位となっている。

▶知っているようで知らないGDP。
一般人は何を頑張ればいい？

渡辺　GDP（国内総生産）は、ざっくり言うと「国の経済力」ですよね。ただ、僕よりも馬渕さんのほうが詳しいと思うので、詳しい解説をお願いします。

馬渕　GDP とは、国内において「新たに生み出されたモノ（財）とサービスの合計（付加価値）」です。名目 GDP と実質 GDP があり、名目 GDP は、その時点の市場価格に基づい

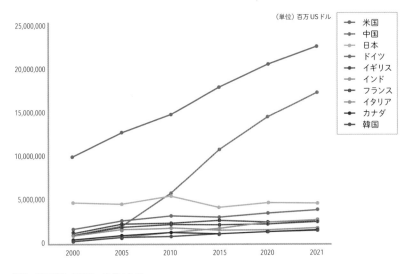

「名目 GDP」の推移国際比較（IMF 統計）

（単位）百万 US ドル

凡例: 米国、中国、日本、ドイツ、イギリス、インド、フランス、イタリア、カナダ、韓国

資料：GLOBAL NOTE　出典：IMF

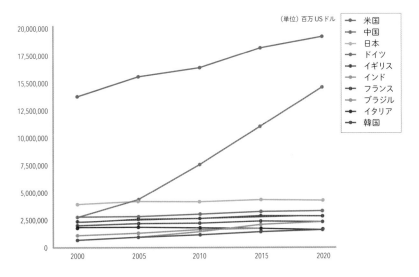

「実質 GDP」の推移国際比較（国連）

（単位）百万 US ドル

凡例: 米国、中国、日本、ドイツ、イギリス、インド、フランス、ブラジル、イタリア、韓国

資料：GLOBAL NOTE　出典：国連

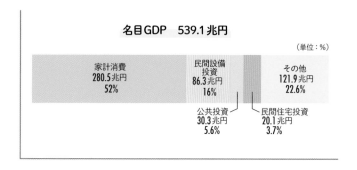

名目GDP　539.1兆円

（単位：%）

| 家計消費 280.5兆円 52% | 民間設備投資 86.3兆円 16% | その他 121.9兆円 22.6% |

公共投資 30.3兆円 5.6%

民間住宅投資 20.1兆円 3.7%

※1 内閣府「国民経済計算」により作成。2020年10-12月期2次速報値（2021年3月9日公表）。
※2 「その他」は、対家計民間非営利団体最終消費支出、政府最終消費支出、在庫変動及び純輸出の合計。
出典：消費者庁「名目国内総生産における家計消費等の割合（2020年）」を基に作成。

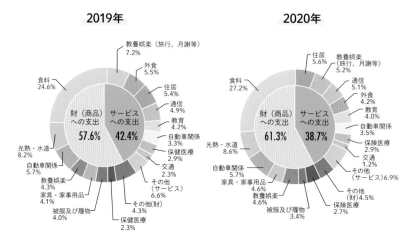

2019年　　**2020年**

※1 総務省「家計調査（二人以上の世帯）」により作成。2019年及び2020年の1世帯当たり支出の構成比。
※2 「その他（サービス）」とは、家具・家事用品、被服及び履物、諸雑費の合計。
※3 「その他（財）」とは、住居、通信、教育、諸雑費の合計。
※4 財・サービス支出計には、「こづかい」、「贈与金」、「他の交際費」及び「仕送り金」は含まれていない。
出典：消費者庁「財・サービス支出の内訳（2019及び2020）」を基に作成。

需給ギャップ（GDPギャップ）

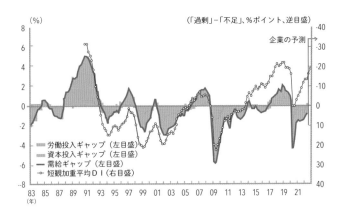

出典：日本銀行「需給ギャップ」を基に作成。

て推計した合計額。実質 GDP は、名目 GDP から物価変動
の影響を取り除いて算出した合計額です。一般的に、その時
点における経済規模や国際比較を見る場合は名目 GDP が使
用され、成長率など時系列を見る場合は実質 GDP が使用さ
れます。

渡辺 2020 年度の日本再興戦略では、「今後 10 年間の平均で名目
GDP 成長率 3％程度、実質 GDP 成長率 2％程度の成長実現
を目指す」との目標を掲げています。でも、頑張って GDP
を上げましょうと言われても、僕ら一般人は、何を頑張れば
いいのかわかりづらいんですよね。

馬渕 消費者がかかわっているのは家計消費（個人消費）です。実
に GDP の約 5 割が家計消費です。

渡辺 そうなんですよ。じゃあ、家計消費の内訳はどうなっている
かというと、GDP の文脈ではあまり触れられていないのが

問題だと思います。家計消費の細かい内訳は、総務省の「家計調査」という統計で知ることができます。

2020年度（2世帯以上）ならば、最も多い消費は食料の約27.2％で、光熱・水道8.6％、住居5.6％と続きます。

馬渕 食料に続くのは固定費なんですね。

渡辺 そうなんですよ。だから「GDPの5割は消費が支えているから、みんな頑張って消費しましょう」と言われても、賃金は上がらないし、家計を圧迫しているのは固定費じゃん、って話なんです。

頑張るためには、目標のディテールを明確しないと伝わらない。「固定費が多いですね。そこは政府で対策しますから、代わりにこの分野の消費を伸ばしましょう。そのためにこんな政策を行なうので、皆さんも協力してください」といった明確な内容が、国民に届いていないんです。

馬渕 おっしゃるとおりです。

渡辺 もしかしたら、政府は明言しているかもしれない。経済に詳しくて、政府の統計調査を調べることが上手な人ならわかるかもしれない。でも、僕みたいな一般人は、調べてもよくわからないんですよ。

馬渕 渡辺さんが調べてわからないのなら、多くの国民もわかりませんよね。

渡辺 多くの人にとって、GDPは他人事みたいな感覚でしょう？でも、自分たちの消費がGDPに大きくかかわっている。だから政府には、もっと国民にわかりやすい明確な情報をお願いしたいところです。

▶ ニュースでよく見る「GDPギャップ」が一般人に示していること

馬渕 詳細はわからなくても、GDP という指標は多くの人が知っていますよね。一方、しばしばニュースで見聞きする指標として「GDP ギャップ」というものがあります。

渡辺 めちゃめちゃ見ますね。GDP ギャップって何ですか？

馬渕 GDP ギャップとは、経済における「需要と供給の差」を示す指標で「需給ギャップ」とも呼ばれます。

「需要」は GDP を指し、「供給」は「潜在 GDP」を指します。では、潜在 GDP は何かというと、その国の経済の供給力を表す推計値です。「国の生産力が最大限に投入された場合、このくらいまで供給できるはずだよね」という予想の GDP であり、政府や日銀が算出しています。

この潜在 GDP と実際の GDP を比較したときの差が GDP ギャップなんです。

渡辺 GDP ギャップを見ると、何がわかるんですか？

馬渕 潜在 GDP よりも実際の GDP が下回っていたら、「企業の供給に対して消費者の需要（消費マインド）がついてきていない」ことになります。内閣府が発表した 2022 年 4 ～ 6 月期の GDP ギャップはマイナス 2.7％で、実質の年利換算では約 15 兆円のマイナス（需要不足）です。

渡辺 総じてマイナスのほうが多そうですね。

馬渕 2019 年頃はギャップが少なかったのですが、コロナの影響で消費マインドが落ち、最近はマイナスが続いています。

渡辺 ギャップが広がると、どのような対策が必要ですか？

馬渕 ギャップマイナスの乖離が大きいと、モノやサービスが余っている状態です。売るために価格を下げるので、デフレにな

って経済が停滞しちゃうんですよ。こうした乖離を埋めるために、政府は補助金などを投入するわけです。

渡辺　ギャップが少ない状態が理想ですか？

馬渕　そうですね。需要が上回ると商品が足りなくなり、物価が上昇します。ただ、平成不況のなかで需給が上回ることが少なかったので、物価は上がってこなかったんですよ。本当に必要な商品が売れて、その商品の物価が上がっていく状況が正常なインフレです。しかし、2022年後半のインフレは、単純にコストが乗っかっただけのインフレなので、その証拠にGDPギャップはマイナスのままなんですね。

渡辺　GDPギャップを理解しているかどうかで、ニュースの理解度がだいぶ変わりますね。

馬渕　ぜひ覚えておきたい指標です。

POINT

◎GDPの5割を占める個人消費はとても重要。経済成長戦略において政府は国民にわかりやすく情報を伝えるべき。

◎GDPギャップがマイナスだとデフレに向かい、プラスだとインフレに向かう。

労働意欲の低下は、経済成長と満足度に深くかかわる

☑**2022年の日本人の「生活満足度」は10点満点中5.76点**

☑**2011年の日本人の「幸福感」は10点満点中6.41点**

内閣府『満足度・生活の質に関する調査』によれば、2022年の日本人の生活満足度は10点満点中5.76点。同調査は2019年から開始され、5.78 → 5.83 → 5.74 → 5.76と横ばいが続いている。ただし、2011年まで公表されていた類似の調査『国民生活選好度調査』では、国民の幸福感は10点満点中6点台を推移しており、この10年で日本人の幸福感・満足感は低下しているとも考えられる。

▷ 経済成長が一定水準に達して起こったこととは？

渡辺　精神論で申し訳ないのですが、日本経済が停滞するなかで「ハングリー精神」の足りない人が増えている気がして、不安を感じます。僕はガーナやラオスなどの新興国の教育支援をお手伝いしているのですが、現地の子どもたちはやる気に

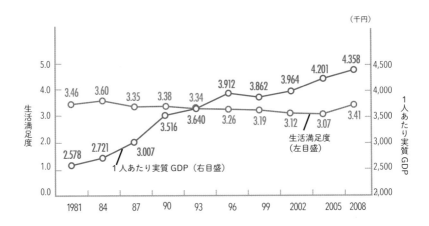

生活満足度と1人あたり実質GDP

（千円）

出典：内閣府「国民生活選好度調査」を基に作成。

満ちあふれていて、日本の子どもたちが勝てる気がしないんですよね。

馬渕 伸びしろのある国のエネルギーはすごいですよね。

渡辺 もちろん、バブル崩壊後に生まれた若者たちの気持ちも理解できます。僕みたいなオジサンが好況時の例を出して「頑張れ！」と言ったところで、彼らの心には響かないじゃないですか。

でも、労働意欲の低い世代が増えていくと、経済の縮小に拍車がかかってしまう。

馬渕 「経済成長と満足度（幸福度）」の関係を示すグラフがあります。「生活が豊かになると幸福度も上がるが、一定の幸福度に達すると、あとは経済がどれだけ成長しても幸福度は変わらない」という説です。イギリスの経済学者イースタリンが提唱したことから「イースタリン・パラドックス（イースタ

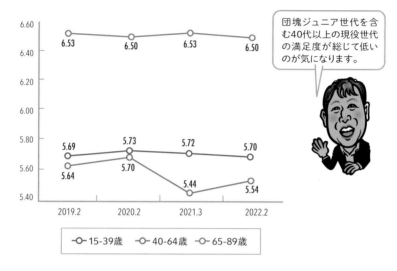

生活満足度の推移（年齢階層別）

団塊ジュニア世代を含む40代以上の現役世代の満足度が総じて低いのが気になります。

- 15-39歳
- 40-64歳
- 65-89歳

6.53　6.50　6.53　6.50
5.69　5.73　5.72　5.70
5.64　5.70　5.44　5.54

2019.2　2020.2　2021.3　2022.2

出典：内閣府「満足度・生活の質に関する調査報告書2022」を基に作成。

リンの逆説）」とも呼ばれていますが、日本はまさにこの状況なんですよ。

渡辺　先進国が陥る状況ですね。

馬渕　そのとおりです。

　　高度成長期は、働いた分だけ収入が増えていくような状況です。食卓が豊かになり、家電も増えていくなど、経済成長と生活の豊かさには明確な比例関係があり、ラオスやガーナはそうした新興国のステージです。

▶ 先進国がSDGsに取り組む隠れた本音

渡辺　何か新たなモチベーションはないんでしょうか。

馬渕　成熟した資本主義社会のなかで、私たちがまだ成長するために何を求めたらいいのか？　こうした文脈で登場したのが、

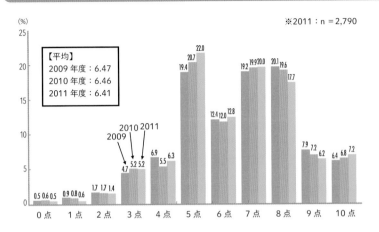

個人の幸福感の経年比較

(%)

※2011：n＝2,790

【平均】
2009年度：6.47
2010年度：6.46
2011年度：6.41

2009 2010 2011

0点 0.5 0.6 0.5
1点 0.9 0.8 0.6
2点 1.7 1.7 1.4
3点 4.7 5.2 5.2
4点 6.9 5.5 6.3
5点 19.4 20.7 22.0
6点 12.4 12.0 12.8
7点 19.2 19.9 20.0
8点 20.1 19.6 17.7
9点 7.9 7.2 6.2
10点 6.4 6.8 7.2

※「国民生活選好度調査」は2011年度をもって終了。2012年度以降実施されていない。
出典：内閣府「平成23年度国民生活選好度調査結果の概要」を基に作成。

おそらくSDGsだと思うんですよ。

渡辺　なるほど！

馬渕　SDGsに掲げられた目標は、国際社会が抱える問題であり、クリアすべき課題であることは事実です。しかし、それと同時に、一定の豊かさを獲得してしまった先進国にとっては十分刺激になる目標です。

渡辺　「SDGsは経済成長が鈍化した先進国の新たな目標」として考えると、先進国ほどSDGsの関心が高そうですね。

馬渕　欧米では、SDGsにしっかり取り組んでいない企業は消費者に支持されないことが多いです。近年は日本でもそうした風潮が目立つようになってきました。あと、労働意欲に関して言えば、SDGsに積極的な企業を希望する若者が増えているそうです。

渡辺　リサピーが調査した「23卒就活生の選社軸とSDGsの関係

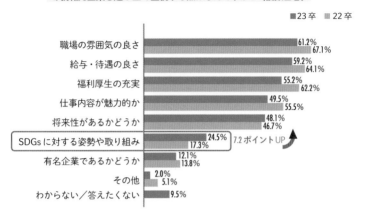

就活生のSDGs関心度はどれくらい？

Q 就職先企業を選ぶ上で重視する点はなんですか？（複数回答）

■23卒　■22卒

項目	23卒	22卒
職場の雰囲気の良さ	61.2%	67.1%
給与・待遇の良さ	59.2%	64.1%
福利厚生の充実	55.2%	62.2%
仕事内容が魅力的か	49.5%	55.5%
将来性があるかどうか	48.1%	46.7%
SDGsに対する姿勢や取り組み	24.5%	17.3% （7.2ポイントUP）
有名企業であるかどうか	12.1%	13.8%
その他	2.0%	5.1%
わからない／答えたくない	9.5%	

出典：（株）IDEATECH「『23卒就活生のSDGs』に関する意識調査」(n＝547）を基に作成。

性」では、就職先企業を選ぶ上で重視する点として、「SDGs
に対する姿勢や取り組み」を挙げた就活生が24.5%もいた
そうです。前年が17.3%だったので、関心が強まっている
ことがわかります。

馬渕　給与や福利厚生などを重視する傾向も依然として強いですが、
新たな軸としてSDGsも加わるようになった。
就職先に求める価値観が多様化していることは、とても興味
深いですね。

▶ デフレ下で生まれ育った若者世代の 消費マインドが及ぼす影響

渡辺　労働意欲の低下でもう1つ気がかりなのが、「小さな幸せで
満足する人の増加」です。

たとえば、僕のまわりの著者に話を聞くと、「別に高収入じゃなくてもいいじゃん」というスタンスなんです。外食するなら回転寿司とかハンバーガーや牛丼屋などがあるし、靴はABCマート、服はユニクロでいいじゃん……という感じなんです。

もちろん、ファストフードやファストファッションを否定するつもりはありません。でも、低価格やデフレが当然という環境で生まれ育った日本の若者が、デフレ前提で低収入を受け入れるのは危険だと思います。

馬渕　個人が稼ぐお金が消費に回り、その消費が経済を回してGDPになるので、そうした層が増えてしまえば国力低下につながりますよね。

渡辺　若者だけじゃなくて、いまミレニアル世代（1981〜1996年生まれ）で「FIRE（経済的自立と早期退職を目標とするライフスタイル）で早期リタイアしたい」という人が増えているじゃないですか。

FIREの1つの目安として「年間400万円の不労所得（労働対価として支払われる対価以外のお金。たとえば、株式の配当や不動産経営による家賃収入など）」という数字を聞きますが、この先も年間400万円で同じ生活ができるとは限りませんからね。

エネルギーも食料も外国依存で物価が上がり続ければ、10年後は年間600万円が必要になるかもしれない。

馬渕　現状維持を望んで何の努力もしなければ、生活は維持できなくなる可能性があります。

終身雇用崩壊が叫ばれて久しいですが、成果型・評価型の昇給に切り替える企業は確実に増えています。現役世代は、学びながら労働しないと、収入の維持どころか減収もあり得ます。

渡辺　そうですよね。生き方・働き方を強制することはできませんが、労働意欲の少ない人が増えていけば、経済が衰退して平均年収も落ちていく。「停滞」を前提として皮算用するのは危険だと思います。

 POINT

◎資本主義社会が成熟した先進国において、SDGs は新たな目標を与えている。

◎同じ年収で現状維持を望んでも、10 年後に同じ生活水準を維持できるとは限らない。

◎グローバル化がさらに進む中、日本人だけが「デフレ前提で低収入」を受け入れるのは危険。

米中依存からの脱却
日本の新たな貿易相手国は？

☑ **2021年の日本の輸出先は1位中国（シェア21.6％）、2位アメリカ（同17.8％）、3位台湾（同7.2％）。**

☑ **2021年の日本の輸入先は1位中国（シェア24.0％）、2位アメリカ（同10.5％）、3位オーストラリア（同6.8％）。**

日本の貿易相手として長らく輸出入総額トップだったアメリカ。しかし、21世紀に入って著しい成長を遂げた中国が台頭し、2007年には輸出入総額でアメリカを上回った。その後も中国との貿易は増え続け、2021年の輸出入総額シェアは約23％を占めている。

▶ 貿易は米中への依存度が高い

渡辺 日本の貿易相手国は、輸出・輸入ともに1位が中国、2位がアメリカです。

馬渕 輸出入総額は中国が約38兆円でシェア約23％、アメリカが約24兆円でシェア約14％です。日本はこの2カ国に対する依存度が高いんですね。しかし、中国の貿易相手国を見ると、日本は輸出3位（5.5％）、輸入2位（8.5％）。アメリ

日本の輸出先トップ10の推移

（単位：百億円）

	2000 年	2010 年	2020 年	2021 年
	輸出総額 [5,165]	輸出総額 [6,740]	輸出総額 [6,840]	輸出総額 [8,309]
1	アメリカ 1,536（29.7%）	中国 1,309（19.4%）	中国 1,508（22.0%）	中国 1,798（21.6%）
2	台湾 387（7.5%）	アメリカ 1,037（15.4%）	アメリカ 1,261（18.4%）	アメリカ 1,483（17.8%）
3	韓国 331（6.4%）	韓国 546（8.1%）	韓国 477（7.0%）	台湾 599（7.2%）
4	中国 327（6.3%）	台湾 460（6.8%）	台湾 474（6.9%）	韓国 577（6.9%）
5	香港 293（5.7%）	香港 370（5.5%）	香港 341（5.0%）	香港 389（4.7%）
6	シンガポール 224（4.3%）	タイ 299（4.4%）	タイ 272（4.0%）	タイ 362（4.4%）
7	ドイツ 216（4.2%）	シンガポール 221（3.3%）	シンガポール 189（2.8%）	ドイツ 228（2.7%）
8	イギリス 160（3.1%）	ドイツ 178（2.6%）	ドイツ 188（2.7%）	シンガポール 220（2.6%）
9	マレーシア 150（2.9%）	マレーシア 154（2.3%）	ベトナム 183（2.7%）	ベトナム 210（2.5%）
10	タイ 147（2.8%）	オランダ 143（2.1%）	マレーシア 134（2.0%）	マレーシア 171（2.1%）

資料：日本貿易会　出典：財務省

日本の輸入先トップ10の推移

（単位：百億円）

	2000 年	2010 年	2020 年	2021 年
	輸入総額 [4,094]	輸入総額 [6,077]	輸入総額 [6,784]	輸入総額 [8,476]
1	アメリカ 778（19.0%）	中国 1,341（22.1%）	中国 1,749（25.8%）	中国 2,038（24.0%）
2	中国 594（14.5%）	アメリカ 591（9.7%）	アメリカ 744（11.0%）	アメリカ 890（10.5%）
3	韓国 220（5.4%）	オーストラリア 395（6.5%）	オーストラリア 382（5.6%）	オーストラリア 573（6.8%）
4	台湾 193（4.7%）	サウジアラビア 315（5.2%）	台湾 286（4.2%）	台湾 368（4.3%）
5	インドネシア 177（4.3%）	アラブ首長国連邦 257（4.2%）	韓国 284（4.2%）	韓国 352（4.2%）
6	アラブ首長国連邦 160（3.9%）	韓国 250（4.1%）	タイ 254（3.7%）	サウジアラビア 302（3.6%）
7	オーストラリア 160（3.9%）	インドネシア 248（4.1%）	ベトナム 235（3.7%）	アラブ首長国連邦 298（3.5%）
8	マレーシア 156（3.8%）	台湾 202（3.3%）	ドイツ 227（3.3%）	タイ 289（3.4%）
9	サウジアラビア 153（3.7%）	マレーシア 199（3.3%）	サウジアラビア 197（2.9%）	ドイツ 260（3.1%）
10	ドイツ 137（3.4%）	カタール 190（3.1%）	アラブ首長国連邦 175（2.6%）	ベトナム 252（3.0%）

資料：日本貿易会　出典：財務省

	輸出			輸入		
	アメリカ	中国	インド	アメリカ	中国	インド
1位	カナダ	アメリカ	アメリカ	中国	台湾	中国
2位	メキシコ	香港	UAE	メキシコ	日本	UAE
3位	中国	日本	中国	カナダ	韓国	アメリカ
4位	日本	ベトナム	バングラデシュ	日本	アメリカ	サウジアラビア
5位	イギリス	韓国	オランダ	ドイツ	オーストラリア	イラク

※日本は第22位　　　　　　　　　　　　　※日本は第13位

※アメリカ、中国は、2020年、インドは2021年のもの。
出典：日本貿易会、外務省の資料を基に作成。

　カの貿易相手国としては、日本は輸出4位（4.5％）、輸入4
位（5.1％）です。

渡辺 日本にとっては依存度の高い2カ国ですが、彼らはそこま
で日本との貿易に依存していないんですね。

馬渕 そういうことになります。

渡辺 今後の日本は、中国やアメリカとの貿易関係を維持しつつも、
東南アジアとの貿易を増やしたいですよね。ASEANの人口
は増加し続けていて、2020年時点で約6億7000万人もい
るんですよ。この市場をもっと狙いたい。

馬渕 ASEANはポテンシャル高そうですよね。地域別に見ると、
対ASEANの貿易シェアは2000年頃から14～15％で横ば
いです。

渡辺 輸出入総額は伸び続けているけど、比率は変わっていないん
ですね。まぁ、シェアはそれほど気にせずに、まずは中国と

同じレベルまで……とくに輸出額を上げたいなぁ。中国は貿易相手としては重要だけど、お互いの国民感情も含めて決して仲の良い国ではないでしょう？　国民感情を変えるには相当な期間が必要だから、それよりももっと東南アジアとの関係を深めたほうがいいと思う。

▶ インドとの貿易も積極的に

馬渕　ASEAN 以外ではインドも狙いたいですね。

渡辺　インドも大事！　インドは別に日本のこと嫌ってないですよね？

馬渕　とくに問題ないはずですよ。インドとの関係では、2022 年5 月にアメリカ主導で「インド太平洋経済枠組み（IPEF）」が発足しましたよね。もともとインドは非同盟主義で東西どちらにも中立的なスタンスを貫いてきました。同年 9 月の IPEF 閣僚会合では、まだ貿易分野におけるインドの参加表明は得られていませんが、日本にとっても関係強化のチャンスです。

渡辺　インドの主要貿易相手国に米中は入っているけど、日本は全然（輸出先 22 位、輸入先 13 位　※外務省資料より）ですからね。インドで成功している日本の大手企業は、スズキ自動車くらいしか浮かばないなぁ。たしかインドの自動車シェアの 50％がスズキという一人勝ち状態なんですよ。他の企業もインド市場にチャレンジしているけれど、惨敗している気がするんですよね。

馬渕　私も似たようなイメージです。

渡辺　文化的な問題なのかもしれないけど、IPEF をきっかけにインド市場を狙える日本企業が増えるといいですね。あとは、インド近隣のパキスタンやバングラデシュも人口増が続いて

いて、この 3 カ国だけで人口 18 億人という巨大なマーケット
です。

馬渕　世界の 4 分の 1 近い人口がここに集まっているんですね。

渡辺　僕はこの 3 カ国のうち、パキスタンしか行ったことがない
のですが、さまざまな規制があって、外資がビジネスしづら
い環境ではあります。でも、インドを足掛かりにパキスタン
やバングラデシュの市場も狙えたらいいですよね。

馬渕　そうですね。余談ですけど、EU との貿易シェアが 10％程度
で推移しているのは意外でした。もっと高いかと思っていま
したよ。

渡辺　やはり近隣国との関係って大事なんでしょうね。日本が狙う
べきは同じアジアの国々です。

POINT

◎日本の貿易は中国とアメリカへの依存度が高い。その依存度も日本が
一方的。

◎新たな貿易相手国として、人口が増え続けている ASEAN 諸国や、イン
ドおよび近隣国との関係性を強化していくべき。

ダンピング輸出って何？
日本経済の安全保障

☑採算度外視で市場を独占し、産業を衰退させるという悪意のある戦略。

☑日本市場もダンピング輸出を仕掛けられているケースも出てきている。

☑その先には、日本の独自技術・人材の国外流出の懸念も。

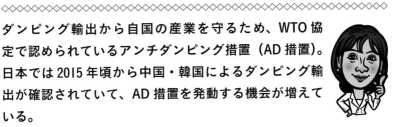

ダンピング輸出から自国の産業を守るため、WTO協定で認められているアンチダンピング措置（AD措置）。日本では2015年頃から中国・韓国によるダンピング輸出が確認されていて、AD措置を発動する機会が増えている。

▷ 産業を衰退させるダンピング輸出

馬渕　貿易の話が出たので、中国のダンピング輸出についても触れておきましょう。

渡辺　ダンピングとは「不当に安い価格で販売して公正な競争を妨げること」ですね。

馬渕　そうです。たとえば、原価100円・販売価格150円程度が

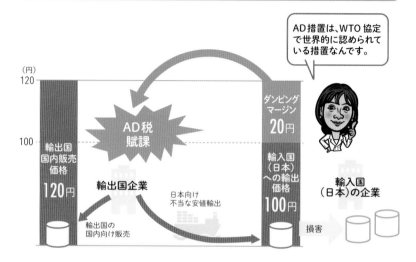

アンチダンピング（AD）措置のイメージ

AD措置は、WTO協定で世界的に認められている措置なんです。

出典：経済産業省HP「AD（アンチダンピング）措置とは」を基に作成。

相場の市場があったとします。そこへ、販売価格80円の商品が登場したら、みんな80円の商品を買いますよね。

渡辺 買っちゃいますよね。

馬渕 そうなると、商品が売れない競合他社は市場から排除されてしまいます。採算度外視で市場を独占することがダンピングの目的なんですね。

渡辺 そのダンピングが国家間で行なわれると危険ですね。他国の産業を衰退させることになります。

馬渕 だから、WTO（世界貿易機関）は「過度に産業補助金を出さないようにしましょう」というルールを設けています。でも、わりと中国はそのルールを破っていることが多い、というのが世界的な認識です。

渡辺 ダンピング輸出を仕掛けられたら、どうすればいいんですか？

経済安保推進法の概要

供給網の強化　施行：**公布後9カ月以内**

半導体などの戦略物質の国内調達を財政支援する。
調達先や保管状況を国が管理する。

インフラの安全確保　施行：**公布後1年6カ月～1年9カ月以内**

電気や金融など14業種で国が導入設備を事前に
審査する。サイバー攻撃のリスクを軽減。

先端技術の官民協力　施行：**公布後9カ月以内**

AIや量子の研究開発に国が資金支援する。
官民協議会を設け情報を共有する。

特許の非公開　施行：**公布後2年以内**

軍事転用の恐れがある技術の流出を防ぐ目的で、
一部の特許情報を公開しない。

出典：経済産業省「経済安全保障推進法」を基に作成。

馬渕　WTO協定で、AD（アンチダンピング）措置という措置が認められています。

他国からの輸入品でダンピングが確認できた場合、その輸入品に対して価格差を相殺する関税を賦課できるんです。これまで日本でも何度かAD措置を発動していて、その対象国のほとんどが中国と韓国です。

▶ 中国政府が日本の複合機を狙っている!?

馬渕　ダンピング輸出によって産業を衰退させたあと、弱った企業を買収して他国の技術と人材を奪っていく。これが中国の手口なのですが、最近はどうやら日本の複合機に目をつけているらしいんです。

渡辺　複合機ですか。いったいなぜ？

馬渕　中国共産党が、世界から情報収集したいんですよ。

　　　本来ならば、スマホのHUAWEIでそれをやりたかったと思うのですが、危険を察知したアメリカが規制をかけたじゃないですか。当初は、アメリカ政府が補助金を出している自国の企業に対して、HUAWEIなどの中国メーカーから通信機器を購入することを禁止しただけでした。しかし、2022年11月にはHUAWEIをはじめとする中国企業5社の通信機器や映像監視機器の輸入・販売そのものを禁止するなど、排除を強めています。

渡辺　そこで複合機ですか？

馬渕　そうなんです。現在、中国政府では複合機をはじめとした外資企業製品を排除する動きが目立っています。その先には、国家規格を制定して、外資企業に対して中国国内での設計・開発・生産を要求し、強制的に技術移転させるような危険性も指摘されています。

渡辺　複合機でそれをやられたら、本当に危険ですよ。日本の複合機メーカーは世界でも高いシェアを誇っていますから。

馬渕　中国のレノボがNECと富士通のパソコン部門を買収したように、複合機でも同様の事態が起こりかねない。そうなったら、世界中に中国製の複合機が出回り、データ収集に用いられてしまうかも……という懸念です。

渡辺　日本って未だに紙文化が残っていますよね。永田町の人たちもコピー機が大好きだし、政府や企業の機密情報が中国政府に流出する可能性もあるということですか。

馬渕　中国共産党が何か情報収集したいと思ったとき、中国企業はそれに従わなくてはいけないんです。現在、中国が国産強化を進めている構想の1つに複合機が上がっているので、ちょっと怖いなという現状がありますね。まぁ、杞憂に終わればいいんですけど。

▶ 日本の技術を守る経済安全保障推進法

渡辺 41ページで食の安全保障や種苗法について触れましたが、ほかの業界も海外から守らないといけませんね。

馬渕 2022年5月に、日本政府は「経済安全保障推進法」というかなり強烈な法案を通したんですよ。

日本の技術を官民連携で守ることが目的で、次の4本柱で構成されています

①サプライチェーン（供給網）の強化
半導体や医薬品、蓄電池などの重要物資・原材料を民間事業者が供給確保できるよう、国が資金面などで支援。

②基幹インフラの安全確保
エネルギー、水道、金融、情報通信などのインフラ機能に対し、サイバー攻撃に備えて国が事前審査。

③先端技術の開発支援
AIや量子の研究開発において官民が連携し、技術情報尾w共有することで先端技術を育成・支援。

④特許出願の非公開化
核や兵器など軍事転用される恐れのある技術流出を防ぐため、関連技術の特許出願を非公開に。

渡辺 現状では半導体、原子力、AIなどの科学技術が中心ですが、馬渕さんの話を聞いたら複合機も入れたほうがいいと思うし、種苗法と連携してもよさそうですね。

馬渕 わりとセンシティブな法律なので、中国がどのような反応するのか、今後の動向を見守りたいところです。

◎ダンピング輸出で自国の産業が衰退すると、技術や人材が奪われる可能性がある。

◎中国政府は日本の複合機の技術を利用して、世界の情報収集を画策している!?

「円安と為替介入」と
私たちの生活の関係

☑2022年1月のドル円相場は115円台、同10月には150円を突破。

☑2022年11月30日時点の終値は138.93円。

急激な円安が進んだ2022年。年初に115円だったドル円相場は、3月から円安に傾き、10月には150円を突破した。しかしこの間、政府も手をこまねいていたわけではなく、複数の「為替介入」を実施していた。

▶ 2022年6月に行なわれていた口先介入

渡辺　2022年9月22日、政府と日銀は24年ぶりの「円買い・ドル売り」の為替介入を実施し、各メディアにも大きく報じられました。

馬渕　2022年の円安では、それ以前から「口先介入」が行なわれていました。

渡辺　口先介入、ですか？

馬渕　実は為替介入には「口先介入」と「直接介入」の2種類があるんです。最初に行なわれたのは口先介入です。遡ること

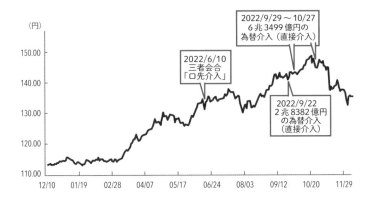

米ドル／円　外国為替相場（2021/12/10 ～ 2022/12/9）と為替介入

2022/9/29 ～ 10/27
6兆3499億円の
為替介入（直接介入）

2022/6/10
三者会合
「口先介入」

2022/9/22
2兆8382億円
の為替介入
（直接介入）

（円）

150.00

140.00

130.00

120.00

110.00

12/10　01/19　02/28　04/07　05/17　06/24　08/03　09/12　10/20　11/29

出典：MINKABU「日経平均チャート」を基に作成。

6月10日、日銀・金融庁・財務省が円安対応を協議する
「三者会合」を開催しています。

渡辺　この三者が集まるのは珍しいことなんですか？

馬渕　異例中の異例、平時ならばあり得ないことなんですよ！　そ
れだけマーケットに緊迫感があったという認識です。つまり、
「これから何か対応するかもしれないよ」と匂わせることが
大事なんです。

渡辺　内容よりも、匂わせることが大事？

馬渕　そうです。三者会合のあと、彼らは「急速な円安の進行が見
られ、憂慮している」といった声明文を発表しましたが、初
手としてはこれで十分なんです。
そもそも「三者会合が開かれる」という報道が出た時点で円
高に振れましたからね。声明発表後は、一段と円高に振れた
ので、一時的には円安を食い止めることができたわけです。

渡辺 一時的とは言え、効果があった。口に出すことは大事です。

馬渕 おっしゃるとおりです。2015年にも、1ドル125円まで急速に円安が進んだタイミングで、日銀の黒田東彦総裁が「これ以上、円安はありそうにない」と発言したことがありました。発言後、ものの見事に円高へと振れていったという過去があるので、口先介入だけでも十分に威力があるんです。

渡辺 黒田さんの発言って、金融業界の人にとっては納得できる内容らしいですが、一般消費者にはイマイチ届いていない印象があります。

馬渕 6月に「値上げ許容」発言をした際、異例の発言撤回をしていましたね。

黒田さんは2023年4月に退任予定です。これまで円高に苦しみ続けてきた日本を何とか変えて、円安に引っ張ってきたという背景があるんです。黒田さんとしては、最後のお仕事として「まずは物価を上げてから賃金を上げるところまでやっていきたい」との思いがあったのでしょう。

渡辺 でも、2022年の物価高は賃金が上がる物価高ではありません。コスト増の値上げですからね。

馬渕 そうなんですよね。

▶ 直接介入の効果はあった？

渡辺 口先介入によって、一時的に円高へと振れたものの、再び円安に傾いてしまいました。

馬渕 そこで、次に行なわれたのが、冒頭で触れた9月22日の「直接介入」です。

政府・日銀が実際にお金を投入して為替に介入したわけですが、実は直接介入にも2種類あります。1国だけが行なう「単独介入」と、2カ国以上が合意の上で行なう「協調介入」

です。

渡辺　今回は単独介入でしたよね？

馬渕　そうですね。アメリカとしては「ドル高のほうが助かる」という状況でしたから、協調介入は難しかったのだと思います。

渡辺　9月22日に2兆8382億円の為替介入を実施し、その後も9月29日から10月27日かけて6兆3499億円の為替介入が実施されました。その後、11月に入って円高へと傾き、11月下旬から12月上旬は130円台に落ち着いています。これは為替介入のおかげということですか？

馬渕　口先介入よりも、明らかに目に見えた効果があったことは事実です。ただし、アメリカの金融引き締めが落ち着くまでは油断できません。

渡辺　金融引き締めって、アメリカで続いている「利上げ」のことですよね？　アメリカの金利とドル円相場は、どのような関係なんですか？

馬渕　そもそも為替相場とは、2つの通貨を売買するときの交換比率です。一般的に、お金は「金利が低い国」から「金利が高い国」へと流れていきます。

渡辺　高金利のほうが資産運用すると儲かるからですね。

馬渕　そのとおりです。つまり今回は、金融緩和を続けて低金利の日本から、金融緊縮を続けて高金利のアメリカへとお金が動いている状態です。「円よりもドルが欲しい！」となり、円を売ってドルを買う人が増えた結果、円の価値が下がって、円安ドル高になっているわけです。

渡辺　なるほど。日本は利上げできる状態ではないから（利上げすると、金利が高くなり、住宅ローンなどを返済できない人が出てくるため）、アメリカの利上げの影響を一方的に受けているんですね。

馬渕　そうですね。アメリカの利上げの動向については第5章で

解説しますが、アメリカの利下げを待つという状況が続きそうです。

▶ 日本人が円安に拍車を掛けた!?

馬渕　今回の円安において「キャピタルフライト」に似た兆候が見られたのが少し気になるんですよね。

渡辺　キャピタルフライトって何ですか?

馬渕　日本語にすると「資本の逃避」です。一般的なキャピタルフライトとは「政治や経済が混乱している国」から「安全な国」へと資本が移動していくことを指します。通貨を移動させる、その国に進出している企業が撤退する、投資していた資金を一斉に引き上げる……といった動きなどがキャピタルフライトです。

渡辺　負のスパイラルですね。

馬渕　キャピタルフライトに陥ってしまうと、なかなか抜け出せないんです。財政が赤字になったり、負債がどんどん膨らんでしまう。そうなると、通貨(の価値)が安くなって、輸入品の価格が高くなるという悪循環です。これ、"悪い円安"といわれる今の日本とちょっと似ていませんか?

渡辺　ちょっとどころか、かなり似ている気がします。

馬渕　そうですよね。でも、日本は経常黒字で財政的に心配する国ではありませんし、政治も安定しています。事実、海外企業も参入していて、外資が入ってきている状態です。
　だから、あくまでも「似た兆候」なんです。円安が起点となって、国内の資産が海外に出て行く動きが目立っている。「円を持っていると不安だから、ドルに替えよう」って。

渡辺　僕のまわりにも、割といますよ。普段、投資を気にしないような人ですらも、ドルに替えようか迷っていたので、すごく

怖いですよね。

馬渕 機関投資家など、以前から投資している人がその動きをするのはあり得るのですが、2022年はニュースで円安の話題が大きく取り上げられたからでしょうか。一般の方も不安を感じて、円を売るような動きが増えると、それが大きな売り圧力を招くので困りものです。

渡辺 「円安が不安だ！」と騒いで、円を売っている人のせいで、さらに円安が進むかもしれないんですね。

馬渕 そうなんですよ。先進国の日本で「円安」という1点のみでお金を移動させた人が多いのは、金融リテラシーが足りないというか、ちょっと懸念材料ですね。

POINT

◎三者会合で金融政策を匂わすことが「口先介入」、実際に金銭を投じるのが「直接介入」。

◎為替介入による効果は見られたが、根本的な解決はアメリカの金融政策が落ち着くこと。だから、アメリカの金融政策のニュースは私たち日本人生活者にとっても重要なニュースとなる。

◎「円安の不安」を必要以上に煽ると、さらに円安が進む可能性がある。

ビッグマックの価格で
その国の購買力がわかる

☑ 日本のビッグマック価格は 410 円、アメリカは約 698 円で、
　日本はアメリカよりも購買力が低い。

☑ 日本が iPhone14 Pro（128GB）を購入するために必要
　な労働日数は 11.9 日、アメリカは 5.7 日。

その国の購買力や経済力を示す指数として用いられる
「ビッグマック指数」と「iPhone 指数」。先進国と日本
を見比べてみると、実は日本の購買力が低いことがわか
る。

▶ 日本のビッグマック価格は新興国レベル!?

渡辺　各国の経済力を示すユニークな指数として「ビッグマック指
　　　数」というものがあります。
　　　マクドナルドの人気商品の１つであるビッグマックは、ど
　　　の国でもほとんど同じ品質でつくられています。ということ
　　　は、各国のビッグマックの価格を比較すれば、それぞれの購
　　　買力が見えてくるのではないか……という理屈です。
　　　ビッグマック指数は英誌エコノミストが発表している指数で

ビックマック指数

国	日本円換算		現地価格	
スイス	939.20	円	6.50	スイスフラン
アメリカ	697.93	円	5.15	米ドル
イギリス	612.96	円	3.69	ポンド
ユーロ圏	664.15	円	4.65	ユーロ
オーストラリア	615.32	円	6.70	豪ドル
中国	466.95	円	24.00	元
韓国	479.79	円	4600.00	ウォン
日本	410.00	円	410.00	円
マレーシア	337.89	円	10.90	リンギット
インド	316.81	円	191.00	インドルピー

※各為替は 2022 年 12 月 6 日時点。小数点第 3 位を四捨五入。

「その国のビッグマックの販売価格÷アメリカのビッグマック販売価格」から算出した対ドル購買力平価を、為替レートや実体経済などと比較します。……と言葉で説明してもわかりづらいですよね。

馬渕 もともと知っている人は大丈夫だと思いますが、初めて聞く人にはピンと来ないですよね。

渡辺 そうですよね。というわけで、主要国のビッグマック価格を円換算で計算してみましたので、上の図をご覧ください。馬渕さん、いかがでしょうか。

馬渕 これはわかりやすいですね。"勘違いしやすい感想"としては「他の国のビッグマックは高いなぁ。日本は安くて良かったなぁ」でしょうか。

渡辺 ありがとうございます（笑）。そうなんですよ、最初に説明しましたが、ビッグマックはどの国でもほとんど同じ品質で

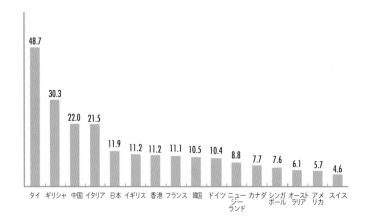

iPhone を購入するのに働かなくてはいけない日数

タイ	ギリシャ	中国	イタリア	日本	イギリス	香港	フランス	韓国	ドイツ	ニュージーランド	カナダ	シンガポール	オーストラリア	アメリカ	スイス
48.7	30.3	22.0	21.5	11.9	11.2	11.2	11.1	10.5	10.4	8.8	7.7	7.6	6.1	5.7	4.6

出典：Picodi.com（2022 年 9 月 8 日）発表を抜粋。

つくられていて、これは「購買力が見える指数」です。

日本人は、日本ならば 410 円で買えるけど、スイスに行ったら 939 円を払わなくてはいけない。でも、現地のスイス人は 939 円を高いと感じない。なぜなら、彼らにとってはそれが「適切なビッグマックの価格」だからです。

要するに「日本は先進国のハズなのに、新興国のような価格なんです」ということです。

馬渕 長引く不況によって平均賃金がなかなか上がらなかったから、価格を上げられずにデフレが続いていたんですね。

渡辺 ちなみに、近年では「iPhone 指数」というものも発表されています。こちらはポーランドのクーポンサイト Picodi が公表している指数で、「iPhone14 Pro（128GB）を購入するのに働かなくてはいけない日数」です。

馬渕 スイスは 4.6 日、アメリカは 5.7 日働けば iPhone を購入で

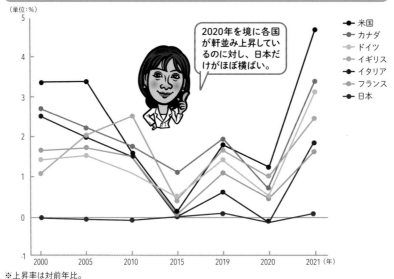

G7の消費者物価上昇率の推移（OECD統計）

（単位：%）

2020年を境に各国が軒並み上昇しているのに対し、日本だけがほぼ横ばい。

凡例：米国、カナダ、ドイツ、イギリス、イタリア、フランス、日本

※上昇率は対前年比。
資料：GLOBAL NOTE　出典：OECD

きますが、日本は 11.9 日かかるわけですね。

渡辺　でも、iPhone の価格を見ると、ビッグマックと同じく先進国と比較してかなり安いんですけどね。

▶ついに上がり始めた日本の物価

渡辺　ビッグマックは 2022 年 9 月に 390 円から 410 円になりました。他にも、2022 年は円安やエネルギー価格の上昇の影響を受けて、多くの商品が値上がりしました。

馬渕　帝国データバンクによれば、2022 年に値上げした商品は食品だけでも 2 万品目以上で、平均値上げ率は 14%とのことです。各企業が価格を抑えることが限界に来ていて、価格を上げざるを得ない状況に陥っていますね。

渡辺　国力と価格が見合わないままだったのが、平成だったんでし

ょうね。高くなったのではなく、適切な価格に上がろうとしているんですよ。

馬渕 賃金アップを明言している企業は多いですが、物価の上昇ペースに追いつくのはまだ先でしょうね。

渡辺 踏ん張りどころなんですよ。家計を圧迫されている人たちは、国の補助や給付を余すことなく利用しながら耐えて、余裕のある人たちはその分消費して経済を回さなくてはいけない。自分で言っておいて何ですが、厳しい話です。

▶ 日本とアメリカで微妙に異なるCPI

馬渕 2022年の相次ぐ値上げで「消費者物価指数（CPI）」という言葉を何度も聞いたと思いますので、せっかくだから解説しておきましょう。

渡辺 お願いします。

馬渕 CPIは、私たち消費者が購入するモノやサービスなどの物価の動きを示す指標です。総務省が毎月発表していて、基準となる年の物価を100として算出する他、前年同月比や前月比も算出されます。たとえば、2020年の「総合CPI」を100とした場合、2022年10月の総合CPIは103.7、前年同月比3.7％上昇、前月比0.6％の上昇という具合です。

渡辺 「総合CPI」ということは、他にも何かあるんですか？

馬渕 日本のCPIは、主に総合CPI、コアCPI、コアコアCPIの3種類の指数があります。

総合CPIは全体の物価を示したもので、コアCPIは総合CPIから生鮮食品の物価を除いた指数で、コアコアCPIは総合CPIから生鮮食品とエネルギーの物価を除いた指数です。生鮮食品やエネルギーは変動幅が大きいので、これらを除いた数字も把握するため、コアCPIやコアコアCPIがあるんです。

ちなみに、アメリカの CPI は「総合 CPI」と「コア CPI」の2つの指数で、アメリカのコア CPI は生鮮食品とエネルギーを除いた指数です。

渡辺　日本とアメリカでコア CPI が異なるということですか？

馬渕　そうなんですよ。「アメリカのコア」は「日本のコアコア」なんです。わかりづらいですよね。でも、今は日本もアメリカも CPI に関するニュースが多いですから、この違いを覚えておくだけでも理解度が大きく変わりますよ。

▶ 物価高でも利上げしないのはなぜ？

渡辺　アメリカは CPI の上昇が止まらないため、利上げによる金融緊縮を行なっています。日本もアメリカほどではありませんが、2022 年に入ってから CPI が上昇を続けています。しかし、利上げは行なわれていませんね。

馬渕　物価が上がり続けるとインフレになり、インフレを突き詰めると、いわゆる「バブル経済」に突入してしまいます。バブルとは「見せかけだけで実態がない」という意味で、株や不動産などの資産価格が、本来の適正価格を大幅に上回ってしまう状況です。経済的に危険な状態なので、これを防ぐために利上げが行なわれます。

では、なぜ利上げすると物価の上昇を抑えられるのか？

利上げすると利子が高くなるので、企業や消費者などがお金を借りたくても借りづらくなります。このため、企業活動と消費活動が少し停滞するんです。あえて停滞させることで、過熱気味の市場を落ち着かせる。すると、消費者の購買意欲も低下して、モノが余るようになる。モノが余れば、自然と物価が下がっていく……と考えられています。

渡辺　あれ？　景気と金利はどういう関係でしたっけ？

馬渕　一般的に、景気が良いときに金利は上昇し、景気が悪いときに金利は低下します。

渡辺　今の日本ってずっと景気が悪いですよね？

馬渕　そのとおりです。だから、ずっと政府と日銀は利下げをして、長期にわたる低金利時代が続いているわけです。なぜなら、景気を活発にさせたいからです。

渡辺　そりゃ利上げできるわけないですね。

馬渕　そうなんですよ。現在の物価高は、円安とエネルギーの高騰という限定的な理由です。政府は"正常なインフレ"を目指して「総合CPI2％」を掲げています。つまり、賃金上昇が伴う物価上昇で、今の物価高はそれに該当しません。むしろ、今利上げしたらさらに景気が悪化するというのが日本の経済界・金融界の認識です。

 POINT

◎日本の物価は長引く不況により抑えられおり、国力の割に価格が低かった。

◎現在の物価高に平均賃金の上昇が追いついていない。

◎日本のコアCPIは生鮮食品の物価を除いた指数で、コアコアCIPは生鮮食品とエネルギーの物価を除いた指数。

◎アメリカのコアCPIは、日本のコアコアCPIに該当する。

◎景気が上がっていないなかで利上げすると、さらなる不景気を招く恐れがある。

GAFA 決算と今後の行方

☑**2021 年の GAFA の株式時価総額は 7 兆 5000 億ドル。**
☑**GAFA の中でも、収益モデルの差が出ている。**

アメリカの情報技術産業を牽引する Google（Alphabet）、Amazon、Facebook（現 Meta）、Apple。4 社の頭文字から GAFA と呼ばれ、2021 年 8 月には GAFA の株式時価総額（7 兆 5000 億ドル）が日本企業すべての株式時価総額（6 兆 8600 億ドル）を上回ったことで話題になった。

▶ 明暗を分けた広告収入依存

渡辺　GAFA の株式時価総額が日本企業すべての時価総額を上回っているというのは少し悲しいですね。

馬渕　世界中が注目している企業ですからね。しかし、2022 年は 4 社の状況に変化が見られました。
　　　たとえば、第 2 四半期決算では、事業の多角化を進める Google（Alphabet）や Amazon が底堅さを見せる一方で、広告収入にかげりの見える Meta（旧 Facebook）が、差をつ

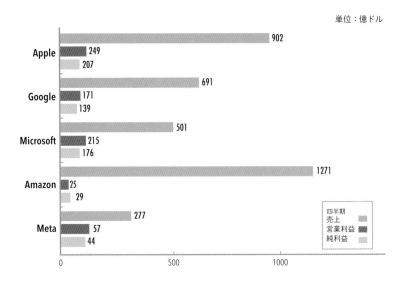

GAFAM 四半期決算比較（2022年7月〜9月）

単位：億ドル

	売上	営業利益	純利益
Apple	902	249	207
Google	691	171	139
Microsoft	501	215	176
Amazon	1271	25	29
Meta	277	57	44

凡例
四半期
売上
営業利益
純利益

出典：GAFAM 関連の決算のデータメディアの記事を基に作成。

けられる恰好となっています。簡単に状況をまとめていくと、Meta と Google がやはり広告収入が多いので、株価は軟調でしたね。

渡辺 Meta はほとんど広告ですよね。

馬渕 そうです。98％広告事業だったので、決算の内容は減益でした。Google も減益でしたが、株価は Meta だけが下落している感じですね。一方、Amazon は赤字転落、Apple は減益でしたが、株価は上昇してます。これはマーケット関係者の予想よりもよかったと捉えられた結果と考えられます。

渡辺 予想よりも良かったから株価が上がるんですね。

馬渕 そこが難しいんですよね。赤字や減益という結果は悪い内容なんですが、マーケット関係者がどのように予想していたかで変わります。第２四半期は予想よりもよかったため、「モノを作る Apple」と「EC・物流・クラウド事業を持つ

Amazon」は堅調、「広告に頼る Meta と Google」は軟調と、明暗が分かれました。

▶ 無料サービスの質が落ちる？

渡辺 よく馬渕さんは「企業によって強いカテゴリが違うから、そこを見なさい」と言っていますよね。

馬渕 そうです。Meta はやはり広告が売上の9割以上ですし、Google も8割以上が広告ですからね。

渡辺 Google も8割あるんですね。

馬渕 そうなんですよ。だから、やはり最近はプライバシーにかかわる規制の問題や景気の減速で、企業が広告予算の見直しを行なっています。

渡辺 僕も広告の営業をすることがありますが、今はなかなか集まりませんね。とある案件なんて4勝22敗ぐらいですからね。ロシアのウクライナ侵攻が始まってからは特に契約しづらくなりました。

馬渕 厳しいですね。

渡辺 今後、広告依存によって成り立っていた無料のサービスが有料に変わったり、サブスクの価格が上がったりするケースが増えていくかもしれません。
テレビ業界もそうでしたよね。広告がネットに流れてしまい、スポンサーが減って制作費も削減。結果、お金のかかる企画ができなくなったり、出演者の数が減ってしまいました。地上波のテレビ番組って、要するに無料のサービスじゃないですか。そのサービスの質が落ちているわけで、今後はネット関連の無料サービスの質も低下する可能性が高いです。

馬渕 広告収入に頼れなくなれば、他で補うしかありません。

渡辺 そのとおりです。だから、最近は Google Pixel の CM をバ

ンバンやってますよね。日本のテレビ CM の Google Pixel 率はちょっと異常ですよ。何とかして iPhone からシェアを奪おうと必死なのだと思います。

馬渕　これまで GAFA が Web2.0 の覇権を握っていましたが、「次はいよいよ日本企業の出番だ」と考えられていたんですよ。ネットは海外企業に支配されてしまったけど、限界を迎えたらデバイスを持っているメーカーの出番がやってくるはず。だから日本企業にも勝機がある、と1年前まで言われていたんですけどね……。

渡辺　ガラケー時代は日本メーカーのシェアが高かったけど、スマホの普及した現在は海外メーカーばかりですからね。日本のメーカーが巻き返せる日が来るのか？　ネットが不可欠の時代において、これは重要な課題です。

POINT

◎不景気で企業が広告予算を見直すなか、GAFA のなかでも広告依存の高い Meta と Google の株価が軟調に。

◎オンライン広告の収入が落ちれば、ネットを介したサービスの質の低下や価格の上昇が予想される。

一見、伸びそうな
単身世帯の個人消費の真相

☑単身世帯の個人消費支出は月平均 15 万 5046 円。

☑2 人以上世帯の 1 人当たり個人消費支出は月平均 9 万 5230 円。

厚生労働省によれば、2021 年の世帯数は 5191 万世帯。そのうち単身世帯は 1529 万世帯であり、29.5％を占めている。単身世帯の消費支出は、2 人以上世帯の 1 人当たり消費支出よりも高いため、国の消費全体は一見伸びそうに思える。しかし、超高齢化社会の弊害により、単身世帯の個人消費は下がり続けている。

▷ 単身世帯の個人消費が落ちている

渡辺　日本の GDP の約半分は家計消費（個人消費）です。じゃあ、この個人消費をもっと詳しく分析してみようということで、次ページのようなグラフを作成してみました。

馬渕　これは何でしょう？

渡辺　「単身世帯の消費支出（月平均）」と「2 人以上世帯の 1 人当たり消費支出（月平均）」の推移です。

ニッポン経済の問題を
消費者目線で考えてみた

読者の方に無料
特別プレゼント

本書に掲載できなかった
未公開原稿
（PDF ファイル）

著者・馬渕磨理子＆渡辺広明より

紙幅の都合上、掲載することができなかった未公開原稿
（「ベーシックインカムの可能性」など）を無料プレゼントとし
てご用意しました。読者限定の無料プレゼントです。ぜひダウ
ンロードして、本書とともにご活用ください。

特別プレゼントはこちらから無料ダウンロードできます↓
https://frstp.jp/mmwh

「単身世帯」と「2人以上世帯の1人当たり」消費支出（月平均）の推移比較

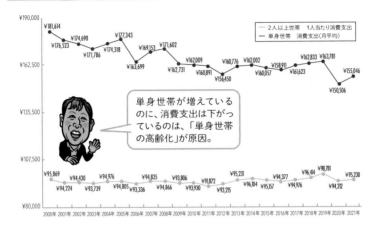

（注）2人以上世帯の1人当たり消費支出は、「2人以上世帯の消費支出」÷「2人以上世帯の世帯人数平均」で算出。
出典：総務省「家計調査」を基に作成。

　日本の単身世帯の割合は増え続けています。厚生労働省によれば、2001年の単身世帯は全世帯の24.1％（1102万世帯）でしたが、2021年には29.5％（1529万世帯）を占めるまでになりました。そこで、単身世帯と2人以上世帯の個人消費を比較してみたら、何か見えてくるんじゃないかと思ったんですよ。グラフをご覧になって、いかがですか？

馬渕 やはり、単身世帯の消費支出のほうが高いですね。

渡辺 複数で生活すると、家賃や水光熱は割安になりますから、その影響が出ていると考えられます。
　　　　単身世帯が増えるということは、その分だけ国民全体の消費支出が増えるということ。ただし、それは必ずしも日本経済やGDPにとって明るいニュースとは言えません。

馬渕 少子高齢化ですからね。

渡辺 そのとおりです。両者の推移を見ればおわかりだと思います

消費支出に占める移動電話通信料の割合

（年）	2010	2011	2012	2013	2014	2015
消費支出（単位：万円）	3,027,938	2,966,673	2,971,816	3,018,910	3,017,778	2,965,515
消費支出に占める 移動電話通信料の割合	2.64%	2.72%	2.74%	2.75%	2.86%	3.08%
（年）	2016	2017	2018	2019	2020	2021
消費支出（単位：万円）	2,909,095	2,921,476	2,956,782	2,996,452	2,802,811	2,821,442
消費支出に占める 移動電話通信料の割合	3.31%	3.43%	3.50%	3.45%	3.72%	3.65%

出典：総務省「家計調査（総世帯）」各年版を基に作成。

消費支出に占めるスマホ料金の割合が1％下がるだけで、国全体で1兆5600億円分の消費を他の業界に回せる。固定費としてのスマホ料金、侮れませんね。

が、2人以上世帯の1人当たり消費支出は、20年間9万円台でほぼ横ばいです。一方、単身世帯は20年間で18万円台から15万円台まで下がっている。

これは「単身世帯の高齢化」が原因かと思われます。総務省によれば、単身世帯に占める60歳以上の割合は、2000年は29.3％でしたが、2020年には42.7％に拡大しています。年金が収入の中心であるシニア層は、現役世代に比べて収入が少ないですから、シニアの単身世帯が増えた分、消費支出が落ちていったのではないでしょうか。

馬渕 シニアの単身世帯のなかには配偶者に先立たれた方も多いと思います。加えて、現在は現役世代の未婚率も増えているため、今後も単身世帯の増加・高齢化が続きそうです。

渡辺 若い頃は独身生活を謳歌していても、年を重ねるにつれて将来的な不安を抱えるかもしれない。収入が上がったとしても、

老後資金に回して財布の紐が堅くなるのかなぁ。

▶ 個人消費と携帯電話通信料

渡辺 個人消費において大切なのは、単純に支出を増やすだけでなく、幅広い業界に消費を流すことだと思います。その方法の1つとして考えられるのが固定費の削減です。

たとえば、菅（義偉）政権は携帯電話料金の引き下げを行ないました。2020年10月以降、携帯通信会社の大手3社（ドコモ、au、ソフトバンク）は相次いで格安プランを発表し、この結果、2021年の携帯電話通信料の消費者物価指数は、前年比33.3％まで下がったんですよ。

馬渕 株価にも影響が見られましたよ。「もしかしたら下落するんじゃないか？」と予想する投資家もいましたが、料金値下げ後も大手3社は堅調でしたからね。「菅さんと総務大臣に感謝だね」と話題になっていました。

渡辺 個人消費支出に占める携帯電話通信料の推移を見ると、2020年は3.72％で、2021年は3.65％でした。コロナ禍で消費支出が落ち込み、2019年以前よりも高い水準になっていますが、0.07ポイント下がっているんですね。

でも、やっぱりまだ高いなぁ。10年前と比較すると、1％違いますからね。1世帯当たりの年間消費支出が約300万円だから、1％って3万円なんですよ。これに日本の総世帯数5200万をかけると、単純計算で1兆5600億円ですよ？

家計に占める固定費を1％削減できたら、1兆5600億円分の消費をほかの業界に回せる。これってすごいことなんですよ。

馬渕 他にも菅さんは、総務大臣時代に「ふるさと納税」を導入しています。2021年のふるさと納税受入額は約8300億円で、

これだけの金額が地方に循環している。菅さんって、根本的に経済を回す仕組みを考えられる人なんですよね。

渡辺　菅さんはコロナ対策でつまづいて退陣しちゃったけど、個人消費の観点からいえば、また要職に就いて、日本経済を立て直してほしいです。

POINT

◎単身世帯の1カ月の個人消費は、20年間で約2万5000円減っている。その原因の1つに、超高齢化社会が関連している可能性あり。

◎幅広い業界に消費が流れることが大切。

◎固定費が1%減れば、総世帯で1兆5600億円分を別の消費に回すことができる。

第 3 章

産業と生活

日本が「金融立国」を目指すべき理由と、求められることとは？

☑東京は国際金融都市ランキングで世界 16 位。
☑アジアではシンガポール、香港などより下の 6 番手。

イギリスのシンクタンク Z/YEN Group の『国際金融都市ランキング（2022 年 9 月）』によれば、東京は 16 位だった。2020 年 3 月は 3 位、直近の 2022 年 3 月は 9 位であり、近年順位を落としている。順位低下は「コロナの水際対策が継続している」という一時的な要因が示唆されているが、アジアの金融都市と比較してもシンガポール（3 位）、香港（4 位）、上海（6 位）、北京（8 位）、深圳（9 位）らの後塵を拝する結果となっている。

▶ 金融を含めた複数の武器を持つ

渡辺　日本が力を注ぐべき業界として、馬渕さんが提言する 1 つが「金融立国」です。そもそも、なぜ日本は金融立国を目指すべきなのでしょうか。

馬渕　基本的に製造業などの物づくりで成長していくというモデルは、新興国のモデルなんです。イギリスが良い例ですが、製

日本は16位……国際金融都市ランキング

国際金融都市ランキング

都市名	Rank	Rating	都市名	Rank	Rating
ニューヨーク	1	760	ソウル	11	718
ロンドン	2	731	シカゴ	12	717
シンガポール	3	726	シドニー	13	716
香港	4	725	ボストン	14	715
サンフランシスコ	5	724	ワシントンDC	15	714
上海	6	723	東京	16	713
ロサンゼルス	7	722	ドバイ	17	712
北京	8	721	フランクフルト	18	711
深圳	9	720	アムステルダム	19	710
パリ	10	719	ジュネーブ	20	709

出典：The GLOBAL Financial Centres Index 32 を基に作成。

造業が成熟すると、海外に工場が流出して国内に産業がなくなってしまう。この過程で、少しずつ金融で儲ける方向へと移行していくのが理想です。

だから日本も、海外の企業や投資家が日本に投資したくなるような、金融の中心地にする必要があります。

渡辺　でも、金融立国であるイギリスは2022年秋に金融ショックを迎えて大変な状況に陥っていますね。

馬渕　経済を支える軸が1つだと、非常にリスクが高いです。だから、金融だけでなく、第1章の最初（13ページ）で私たちが挙げた「観光業」「製造業」「スタートアップ」など、複数の軸を成長させていくべきでしょう。

「金融都市」は東京都も力を入れさせていますが、2022年12月9日に大阪府の吉村洋文知事が国際金融企業の大阪市進出を後押しするため、法人関連の地方税を10年間免除す

る方針を明らかにしています。

東京も進めていましたが、吉村知事が本腰を入れています。府・市などは25年までに、外資系金融機関30社を誘致する目標を掲げています。ぜひ成功してほしいですね。

▶ 現代日本には馴染みが薄い家事使用人文化

渡辺 日本を金融の中心地にするためには、何が必要ですか？

馬渕 「税制」「言語」「家事使用人の文化」の3つです。

渡辺 税制と言語については、外国人労働者の話題（17ページ）でも出ましたね。

馬渕 そうですね。これまで日本では、外国人が日本で死去すると、国外資産にも相続税を課す仕組みになっていました。

渡辺 定住しづらいですよね。

馬渕 この制度はかねてから撤廃が求められていましたが、2021年度の税制改正大綱でついに廃止が決定しました。今後は、投資で得た利益に対する税制優遇などが強化されると、なおいいんですけどね。

一方、言語においては、海外から金融事業で参入する際、行政への提出書類が原則日本語なんですよ。これを何とかしないといけません。

渡辺 かなりハードルが高いですよね。日本人ですら行政関係の書類は大変です。そもそも記入事項などの解説の文章がわかりづらいから、何を書いたらいいのかもわからない。

馬渕 そうですよね。現在、提出書類に英語も認めるよう要望されていて、是正が進められています。

渡辺 アジアでは、香港とシンガポールが金融に強いですよね。どちらも公用語の1つに英語がありますよね。

馬渕 それも大きいですし、シンガポールに関しては、お手伝いさ

んの文化が根付いていますからね。

渡辺　それは3つ目の「家事使用人の文化」のことですね。これだけ毛色が異なるような気がしますが、どういうことですか？

馬渕　イギリスのメイド文化に代表されるように、欧米では使用人を雇う文化が一般的な国が多いんです。特に他国で起業を考えるような経営者・富裕層ならばなおさらです。

ところが、以前は外国人が日本で就労ビザを取得する際、家事使用人の同行が認められていなかったんです。現在は、家事使用人を複数帯同できるように認めるなど、制度が拡充されています。

▷ 日本人の投資意識も課題

渡辺　海外マネーを招くだけじゃなくて、僕ら日本人がもっと投資や金融の意識を高めることも大事ですよね？

馬渕　おっしゃるとおりです。海外の企業や投資家マネーを日本に呼び込むだけでなく、個人のマネーも投資に向ける必要があります。

これができているのが、世界一の金融大国であるアメリカなんですよ。世界中のお金がアメリカに集まって、企業がどんどん成長していって、そこにちゃんと乗っかることができるのがアメリカの国民です。

一方、日本は金融・投資において、企業と個人の断絶が目立ちます。

渡辺　アメリカ人は金融リテラシーが高いんですね。最近は日本政府も変えようと動いていますよね。岸田政権の「貯蓄から投資へ」というフレーズはよく聞きますし。

馬渕　そうですね。そのあたりも含め、個人の投資に関しては第5

章で詳しく説明しますので、ぜひそちらもご参照いただきたいと思います。

POINT

◎「製造業で成長」は新興国のモデル。経済が成熟したら、金融に力を注ぐべき。

◎武器が「金融」だけだとリスクが高い。複数の業界も同時に成長させる必要がある。

◎政府が推進するのは「税制優遇」「多言語化」「家事使用人文化の容認」の3つ。これに加え、国民の「金融リテラシーの向上」が求められる。

インバウンド需要をどう強化し、観光立国を実現するか？

☑2019 年に日本を訪れた外国人旅行客者は 3188 万人。

☑2021 年の「観光開発指数」で日本は世界第 1 位。

国連世界観光機関（UNWTO）によれば、2019 年に日本を訪れた外国人旅行客数は 3188 万人で、世界 12 位だった。新型コロナウイルスのパンデミックにより 2020 年からは世界的に観光業が落ち込んだが、2022 年の 1 ～ 9 月の国際観光客到着数は、前年同時期比 2 倍以上の 7 億人に達し、パンデミック前水準の 63％まで回復している。

▷ まずは観光客数 4000 万人台を目指す

渡辺　コロナ前の 2019 年、訪日観光客数は約 3200 万人で、世界 12 位でした。僕は「観光立国」に可能性を感じていて、アフターコロナは観光客数世界一を目指すべきだと思っています。

馬渕　同年の世界 1 位はフランスの約 9000 万人です。

渡辺　もちろん、いきなり倍以上に観光客を増やすことは難しいから、まずは、メキシコ（7 位／約 4500 万人）やタイ（8 位

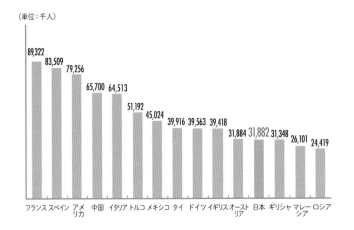

／約4000万人）を追い抜きたいですよね。

馬渕　インバウンドを強化するため、何が必要だと思いますか？

渡辺　まずは2025年の大阪・関西万博に向けたインバウンド対応
の強化です。観光案内の多言語対応と世界に向けた情報発信
です。

あとは平行して「日本全国観光地化」を勧めるべきでしょう。
日本の魅力は、海外の観光立国と比較しても、決して負けて
いません。

世界経済フォーラム（WEF）は、観光資源、観光政策、イ
ンフラ、治安など17カテゴリ・100項目以上をスコア化し
て評価する「観光開発指数（旧観光競争力）」を毎年発表し
ています。この指数において、2021年の日本は世界1位を
獲得しています。

また、日本政策投資銀行の「第3回 新型コロナ影響度 特別

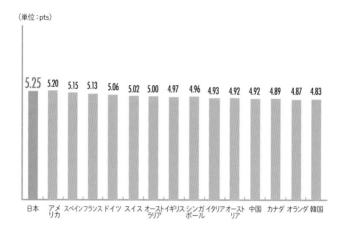

2021年観光開発指数（観光競争力）

（単位：pts）

日本	アメリカ	スペイン	フランス	ドイツ	スイス	オーストラリア	イギリス	シンガポール	イタリア	オーストリア	中国	カナダ	オランダ	韓国
5.25	5.20	5.15	5.13	5.06	5.02	5.00	4.97	4.96	4.93	4.92	4.92	4.89	4.87	4.83

出典：WEF（World Economic Forum）
GLOBALNOTE を基に作成。

調査」では、「次に海外旅行したい国」でアジア居住者・欧米豪居住者ともに日本が1位に選ばれています。

▷ ホテル事業で外資系に勝つために、 「所有」と「運営」を分ける

馬渕　海外企業も、日本の観光ビジネスに注目しています。

渡辺　そうなんですよ。最近で注目すべきは「道の駅」です。
ホテル業界の世界トップであるマリオットは、積水ハウスと協力して地方創生事業「Trip Base 道の駅プロジェクト」を行なっています。2020 年から道の駅を拠点に次々とホテルを開業していて、2025 年までに 26 道府県・3000 室規模の拡大を目指すとのことです。
ただ悔しいのは、日本企業単体じゃなくて、海外資本が投入

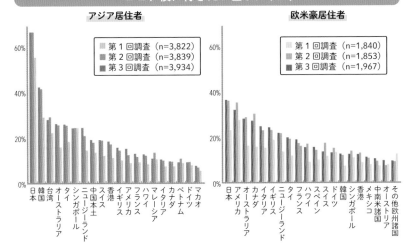

コロナ後に行きたい国ランキング

アジア居住者

第1回調査（n=3,822）
第2回調査（n=3,839）
第3回調査（n=3,934）

日本 韓国 台湾 オーストラリア タイ シンガポール ニュージーランド 中国本土 スイス 香港 アメリカ イギリス フランス ハワイ マレーシア イタリア カナダ ベトナム ドイツ マカオ

欧米豪居住者

第1回調査（n=1,840）
第2回調査（n=1,853）
第3回調査（n=1,967）

日本 アメリカ オーストラリア カナダ イタリア イギリス ニュージーランド フランス ハワイ スペイン スイス ドイツ 韓国 香港 シンガポール メキシコ 中南米諸国 オーストリア その他欧州諸国

※新型コロナウィルス収束後の海外旅行について「（したいと）思わない」を選択した対象者および次に海
　外旅行の検討を再開するタイミングについて「現在の状況からは海外旅行の検討再開は考えられない」と
　回答した対象者を除く全員から回答を得た。
※「次に観光旅行したい国・地域」の選択肢からは、回答者の国・地域及び近隣の国・地域（中国 - 香港 -
　マカオ、マレーシア - シンガポール、タイ - マレーシア、アメリカ - カナダ - メキシコ・ハワイ・グアム、オー
　ストラリア - ニュージーランド、イギリス・フランス - 欧州各国）は除いている。
出典：DBJ・JTBF アジア・欧米豪 訪日外国人旅行者の意向調査（第3回 新型コロナ影響度 特別調査）を
　　　基に作成。

　　　されていることなんですよね

馬渕　海外のホテル事業は、土地やホテルの「所有」をファンドが
　　　担い、サービスの「運営」をホテル会社が行なうというモデ
　　　ルが一般的です。

　　　一方、日本は所有と運営が一体化していてるため、動きが鈍
　　　いんですよね。2022年夏、西武HDがプリンスホテルやゴ
　　　ルフ場などの国内31施設を外資系ファンドに売却したのは
　　　記憶に新しいところです。

渡辺　国内企業ならば星野リゾートがバブル崩壊後に「運営特化戦
　　　力」を行なって、躍進を果たしましたよね。しかし、多くの
　　　業界大手は所有＆運営にこだわって動けず、外資に先を越さ
　　　れているのが現状です。

　　　マリオットに続けと言わんばかりに、ヒルトンやハイアット
　　　などの外資系大手が日本でのホテル軒数増加を表明していま

す。

海外企業が日本の観光・リゾートに価値を見いだしてくれるのはうれしいけど、日本の魅力を世界に広めるんだから、もっと日本企業に頑張ってほしいですね。

馬渕　コロナ後のインバウンドは「質」を追求することも重要ですよね。つまり、富裕層ニーズを取り込みです。たとえば、コロナ以前の取り組みですが、東京の赤坂にある迎賓館のお庭と本館を2000万円で貸し出すプランが海外の富裕層に歓迎されていました。

国内の有名なお寺も、この後に続きました。他には、美術品のオークションを空港などの関税のかからない保税地域で行なうと、注目されるはずです。

さらには、「ディスティネーションホテル」です。旅の目的地が「宿泊施設」そのものであり、観光や食事だけでなく、その場所に行くことに魅力があるホテルです。日本には富裕層を心地よくおもてなしする人材が足りていないので、ここが課題です。しかし、伸びしろしかありません。

POINT

◎大阪万博をステップにインバウンド需要の創出を高め、観光客数世界一を目指すべき。

◎海外のホテル事業は「所有」と「運営」が分かれているのが主流。外資系ホテルの進出が続くなか、日本のホテル業界も事業形態を見直す必要がある。

メイド・イン・ジャパンの危機!?
マニアックな商品づくりは諸刃の剣

☑2021 年の生活家電の貿易は、輸出額 10 億 4752 万ドル
に対し、輸入額 6 億 9612 万ドル。

☑25 年前に比べ、海外メーカーの家電が国内市場での人気
が鮮明に。

国連貿易開発会議（UNCTAD）によれば、日本の家庭用
生活家電類の輸出額は 1995 年 7 億 4592 万ドルで、2021
年 10 億 4752 万ドル。一方、輸入額は 1995 年 2 億 1465
万ドルで、2021 年 6 億 9612 万ドルだった。輸出よりも
輸入が大幅に増えており、海外メーカーの家電が国内市
場で存在感を増している。

▶日本ブランドは過渡期

馬渕 「メイド・イン・ジャパン」に代表される日本ブランド、日
本人ブランドのイメージや価値が、過渡期に入っていると思
います。
　たとえば、富裕層はパテック・フィリップやリシャール・ミ
ルといった海外の高級腕時計の転売を頻繁に行なっているの

家庭用電気機器の輸出額・輸入額（2021年国別）

2021年輸出額—電気機器

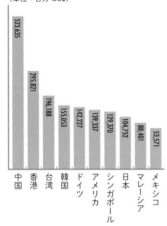

（単位：百万 US$）

中国	523,635
香港	295,821
台湾	196,188
韓国	155,053
ドイツ	142,227
アメリカ	139,337
シンガポール	129,370
日本	104,752
マレーシア	88,401
メキシコ	53,571

2021年輸入額—電気機器

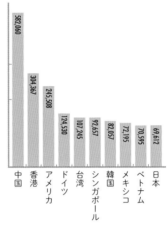

中国	582,060
香港	304,367
アメリカ	245,508
ドイツ	124,530
台湾	107,245
シンガポール	92,657
韓国	82,057
メキシコ	72,195
ベトナム	70,595
日本	69,612

出典：UNCTAD
GLOBALNOTE を基に作成。

ですが、実は時計メーカー側は売る相手を選んでいます。パテックのような老舗は、中国人に売りたくないらしいんですよ。

渡辺 ブランディングが落ちるからですよね。

馬渕 そうなんです。日本人には販売するけど、中国人には売らない。これは、日本に対してまだブランドイメージが残っているからです。でも、あと5年、10年もしたら、中国の地位が上がって、メーカー側も中国人にも売るようになるんじゃないかと思っています。

逆に、外国人が日本製品を購入する際においても同様のことが言えるかもしれません。5年後、10年後、果たして今と同じように「メイド・イン・ジャパン」に価値を感じ、外国人が買ってくれるのか？　現状を見ていると、厳しいような気がします。だから、過渡期だと思うんです。

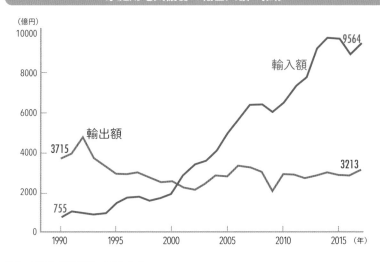

家庭用電気機器の輸出入額の推移

（億円）

- 9564
- 輸入額
- 輸出額
- 3715
- 755
- 3213

1990　1995　2000　2005　2010　2015　（年）

出典：財務省「貿易統計」を基に作成。

渡辺　再構築する必要がありますよね。

馬渕　今なら間に合うと思います。まだ日本や日本人に対する信頼
　　　度は高いから、もう一度、私たちは日本ブランドの地位を固
　　　めるために、何かしら行動しなくてはいけないんですよ。

▶商品の多様化が平成期の敗北を招いた

渡辺　家電製品をはじめ、20世紀の日本メーカーは世界でも高い
　　　シェアを誇っていました。しかし、平成中期から中韓メーカ
　　　ーの安い商品が台頭し、家電業界で言えばサムスンやLG、
　　　ハイアールなどに次々と抜かれてしまいました。
　　　この敗因は、日本特有の"マニアックさ"だと思います。日
　　　本には商品の多様化文化が根付いていて、種類も機能も非常
　　　に多い。海外のスーパーって、商品の種類が少ないんですよ。

　　　　　メーカーもブランドも日本より全然少ない。

馬渕　アメリカはシンプルですよね。企業数も少ないですし、コーラならばコカ・コーラとペプシの2強です。

渡辺　そう、アメリカ人が大好きなコーラですら、主要メーカーは基本2つなんです。でも、日本の飲料メーカーを見ると、コーヒーにしても緑茶にしても尋常じゃない数の商品がありますよね。メーカーも多いけど、メーカー内には複数のブランドが展開され、さらにそのブランド内でも複数の商品がつくられている。こういうマニアックで多様化した商品づくりは、日本の武器でもあり、同時に弱点でもあります。

馬渕　特に家電製品においては、それが顕著に働いたんですね。

渡辺　そのとおりです。中韓の「シンプル機能・低価格」の商品に大敗を喫してしまった。でも、当たり前ですよね。新興国の人口が増えていくなか、彼らが最初に手を伸ばす商品はシンプルで安い商品ですから。

▶ マニアックで多様化した商品づくりは、コレに注意すれば、再び武器になる!?

渡辺　ただし、この先、新興国が成長して所得が上がっていけば、消費者の需要は多様化するはずです。日本メーカーに勝ち筋があるとしたら、そのときだと思うので、今後も日本のマニアックな商品づくりは継続的に進めていくべきです。

馬渕　アメリカや中国、韓国とは真逆のスタイルということですね。シンプルに面を取って、少ない企業数で産業を伸ばしていますが、それに負けたのが平成期の日本。
　　　　　でも、この先もあえて多様性で戦う、と。それぞれの多様性のニーズにマッチしていく時代になるから、日本に勝機があるということですね。

渡辺　そうです。どのメーカーでも自国の売上が高くないと勝てません。アメリカは 3 億人、中国は 14 億人に向けてモノを売って、その売上をベースにして各メーカーは海外戦略を考えます。でも、日本は 1 億人しかいないし、メーカーも多いですからね。そんな日本メーカーが、世界に対して大量生産を前提とした戦い方をするのは難しいんですよ。

だから、日本が得意な多様性を、各国で活かせるようにしなくてはいけません。たとえばベトナム市場ならば、ベトナム人のニーズに合った独自の文化、生活習慣に合った商品を開発していくとかね。日本はそういうビジネスが得意なはずなんですよ。

もちろん、それだけでは現状のビジネスが立ち行かないので、バランスが必要です。マニアックな商品づくりと平行して、多数派のニーズに合わせた商品もつくらなくてはいけない。カシオの「チープカシオ（カシオスタンダード）」のように、シンプルで低価格な商品も用意しておくべきでしょうね。

 POINT

◎日本が得意とするマニアックな商品づくりは、武器でもあり弱点でもある。
◎海外市場で戦うためには、各国のニーズに合わせたマニアックな商品づくりが必要。

SPA の限界

☑SPA とは、企画開発から販売まで一括して自社で行なう製造販売小売業。SPA の商品は「プライベートブランド（PB）」とイコールである。

☑2020 年度末の製造業の海外生産比率は 23.6%。

SPA（製造販売小売業／Speciality Store Retailer Of Private Label Apparel）とは、自社ブランド商品の企画開発から原材料調達、製造、流通、販売まで一括して自社で行なうビジネスモデルのこと。「A」はアパレル（衣料）の頭文字で、もともと衣料業界から始まったが、現在はほかの業界でも製造販売小売業は SPA と呼ばれる。SPA の商品は「プライベートブランド（PB）」と同じでもある。

▶ 低価格帯の国産品が減っている

渡辺　僕と馬渕さんは毎週日曜 6 時〜「馬渕・渡辺の # ビジトピ」（TOKYO FM）というラジオ番組をやってるじゃないですか。
　　　※番組 HP　https://www.tfm.co.jp/biztopi/

馬渕　はい、お世話になっております（笑）。

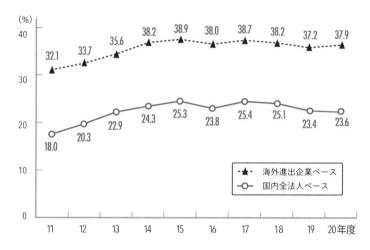

海外生産比率の推移（製造業）

(%)

- ‐▲‐ 海外進出企業ベース
- ‐○‐ 国内全法人ベース

海外進出企業ベース: 32.1 33.7 35.6 38.2 38.9 38.0 38.7 38.2 37.2 37.9
国内全法人ベース: 18.0 20.3 22.9 24.3 25.3 23.8 25.4 25.1 23.4 23.6

11 12 13 14 15 16 17 18 19 20年度

出典：経済産業省「第51回海外事業活動基本調査の概要」を基に作成。

渡辺 ラジオ番組だけど、収録中の様子を写真に収めることもあるから、そのために新たに服を購入したんですよ。

馬渕 そうだったんですか。

渡辺 せっかくだから、靴もジーパンもシャツもすべて日本製で揃えようとしたんです。そうしたら、日本製を探すのにものすごく苦労したんですよ。1週間くらいかかりました。

馬渕 日本製を探すだけで1週間!?

渡辺 そうなんです。今思えば、1990年代は何も気にしなくても全身日本製でコーディネートできていたんですよね。ところが、今は中国製やベトナムなどの東南アジアやバングラディシュ製ばかりです。たとえば、靴下は1988年には91%が国内生産されていたのが、直近では16%程度になってしまっているんです。

というのも、2000年前後からアジアに工場を建てて、安い

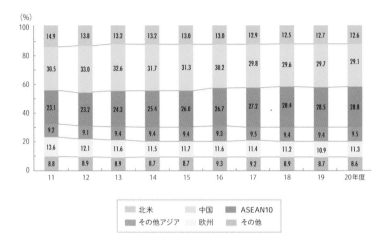

現地法人の地域別分布比率の推移

出典：経済産業省「第 51 回海外事業活動基本調査の概要」を基に作成。

人件費で製造するようになったからです。本項のテーマである「SPA の限界」は、この海外製造に絡む話です。

▶国内生産に戻して、ロボット化を

渡辺 自社で製造から販売まですべて行なう小売を SPA（製造販売小売業）と呼びますが、実は製造を担う部分だけは自社工場ではないことが多いんですよ。直接もしくは商社を介すなどして、現地企業に製造委託する「協力工場」が多い。現在、この協力工場の大部分が中国にあります。東南アジアにもありますが、物づくりにおいては、中国依存度は非常に高いです。

たとえば、コンビニなどで売られているビニール傘は、98％が中国製と言われています。中国と国交が断たれたら、日

本からビニール傘がなくなるんですよ。

馬渕　ビニール傘がなくなっても困らない、という人はいると思いますが、他の製造業でも中国依存が高いわけですからね。エネルギーや食料の自給率の項目（41ページ）でも話しましたが、海外依存が強いと、その分だけ有事のリスクが高まります。

渡辺　そのとおりです。日本の経済が落ちて、中国の経済が伸びているなか、「現地の労働者を低賃金で雇って、原価を安く抑える」というモデルが崩壊しつつあります。
　　　SPAの代表的存在であるユニクロの価格も全般的に上がっているし、100均大手のダイソーだって300円や500円の商品が増えているでしょ？

馬渕　少しずつ製造拠点を日本に戻す必要がありますね。でも、国内の労働人口が減っているなかで難しい問題です。

渡辺　ロボット化の普及がカギとなるでしょうね。設備投資が大きくなりますが、製造だけでなく流通・販売においても、いかに効率化をはかってコストを抑えるかが重要になってきます。

▶ 日本人はケチなのに贅沢!?　結果的に貧しい国へまっしぐら？

渡辺　SPAの見直しを進めるだけでなく、消費者の意識も変わらないといけない。日本人って"ケチなのに贅沢"なんですよ。

馬渕　ケチなのに贅沢、ですか？

渡辺　安さを求めるけど、同時に品質の高さも求める。僕も消費者の一人として、その気持ちはめちゃめちゃわかりますけど。

馬渕　たしかにありますね。その声に応えて、これまで日本企業が頑張り続けて疲弊してしまった感が……。

渡辺　企業努力にも限界があります。僕は「食」もSPAだと思っ

ていますが、2022年8月に崎陽軒がシウマイ弁当のマグロを一時的にサケに変更して話題になったじゃないですか。

馬渕 ありましたね。

渡辺 あれって、海外に"買い負けた"からなんですよ。消費者のニーズに応えて、安くて高品質な食材を購入し続けていたけど、中国あたりが「その食材、うちは日本よりも高く買いますよ」となったら、日本は買えないわけじゃないですか。

今後、買い負けるという現象は増えてくると思うし、価格や品質の面で不満に感じる部分も増えてくる。

でも、消費者はただ不満に感じるのではなく、こうした背景も頭に入れておく必要があります。

「低価格・高品質が当たり前」という考え方は、日本経済全体で考えた場合、回りまわって、日本人の給与がいくら頑張っても（品質を向上させても）上がらないという現象につながる危険もあるわけです。一人の消費者としても心得ておきたいものです。

POINT

◎中国依存から抜け出し、製造拠点を国内に戻してロボット化を推進する必要がある。

◎消費者が低価格・高品質を求めすぎると、企業は疲弊してしまう。結果、グローバル経済において他国の企業に負ける可能性も。

◎「高品質にはそれなりのコストがかかる」という認識を、消費者として持っておきたいもの。

Amazon の驚異的な物流網 クイックコマースの普及は？

☑**Amazon の配送拠点は日本国内に 45 カ所以上。**
☑**EC 市場のシェア 1 位は Amazon。**

2022 年、大手 EC 企業 Amazon は日本国内に 18 カ所の配送拠点を新設。同社によれば、拠点は計 45 カ所以上になったという。Amazon は日本の EC 市場シェアトップであり、今回の物流網の拡大でより盤石な体制を築いた恰好となった。

▶ 日本に自社配送網を築く Amazon

渡辺　2022 年夏、Amazon が日本国内に 18 カ所の配送拠点を新設することを発表しました。

馬渕　配送サービスの拡充は、消費者にとってうれしいニュースです。

渡辺　でも、物流業界における日本企業 vs. 外資系企業という構図で見ると、心配になってしまいます。
　　　国内の EC 市場は外資系の Amazon がトップで、そのあとに日本企業の楽天グループ、Z ホールディングスが続きます。

主要国のEC市場における動向（各国上位3社のシェア）

国	小売に占めるECの比率	主な事業者（市場シェア）	コロナ後のトレンド
中国	43.9%	アリババ(43.6%) JD.com(34.5%) 拼多多(10.5%)	インフルエンサーなどを起用したライブコマースが拡大。消費者と双方向型コミュニケーションをとることができ、SNSでのマーケティングにも力を入れる。
米国	14.2%	アマゾン(40.7%) ウォルマート(8.2%) アップル(5.3%)	クリック&コレクト、カーサイドピックアップなど新しい購入手法が取り入れられ、実店舗は商品を売る場としてだけでなく、物流拠点としての役割を拡大。
英国	36.3%	アマゾン(24.8%) イーベイ(8.6%) テスコ(6.8%)	コロナ禍によって、65歳以上のオンラインショッピングの比率が向上した。後払い決済サービスの需要が増える傾向。
日本	11.8%	アマゾン(28.2%) 楽天グループ(25.1%) ソフトバンク(14.2%)	中小企業のECへの参入が加速。既存のプラットフォームへの出店だけでなく、新規のプラットフォームでのネットショップ開設数が急増した。

出典：「ジェトロ世界貿易投資報告2022」を基に作成。

　　　しかし、物流網の強さを考えるとAmazon一強と言っても過言ではありません。

馬渕　実際に配送のサポートをするのは日本企業ですよね？

渡辺　そうなんですが、Amazonに限らず、以前から配送の過重労働が問題になっていますよね。Amazonではヤマト運輸が撤退して日本郵便になったと思ったら、今度は佐川急便が撤退してヤマト運輸が戻るなど、おそらく条件面で大手も振り回されているんですよ。

　　　その一方で、近年Amazonは自社配送の割合を増やそうとしています。Amazonの商品だけを専門に配送する法人や個人事業主と契約し、自社配送網を確立しつつあるんです。

馬渕　中堅物流企業の丸和運輸機関は、Amazonと配送取引と結んだあとの5年間で株価が10倍になり「Amazon関連銘柄」として注目を集めました。内製化が進んでいるんですね。

「クイックコマース」のサービス比較

サービス名	運営会社	サービス開始時期	サービス提供エリア	サービスの特徴
Coupang	Coupang	2021年6月（テスト運用開始）	東京（品川区、目黒区、渋谷区など）	韓国の大手EC企業が国内で展開。生鮮品や総菜など食品も強化する。高島屋やダイソーの一部商品も取り扱っている。
Yahoo!マート（PayPayダイレクト）	Zホールディングス	2021年7月（テスト運用開始）	東京（渋谷区、中央区など）、千葉（市川市）	ユーザーが出前館のサービス上で、アスクルが販売する食料品や日用品を中心とした約1,500種の商品を選択、注文・決済すると、最短15分で商品を受け取れる。
OniGO	Onigo	2021年8月	東京（渋谷区、中央区など）、千葉（市川市）	自社配達員を駐在させ、注文終了後から最短10分で迅速に配達する。
7NOW	セブン&アイホールディングス	2021年8月（テスト運用開始）	東京、神奈川、北海道、広島県の一部の地域	セブン-イレブンが取り扱うほとんどの商品を、近くの店舗から、注文から最短30分で配達するサービス。

※データは2022年12月現在
出典：「日本ネット経済新聞」を基に作成。

渡辺 「自分でやれるところは自分でやっていく」という考え方だと思います。もしかしたら、国が外資規制みたいな対応をする可能性はあるけど、ビジネスは国に守られるばかりじゃ何も進化しないんですよ。

　日本の農業が衰退しているのは、国が手厚く保護しすぎているからです。たとえうまくいかなくても、国の補助金で何とかなるから、成長するための努力を怠ってしまう。物流業界はそうなってほしくないなぁ。

馬渕 日本のEC企業は対抗できそうですか？

渡辺 全国にこれだけの物流網を形成するのは難しいと思います。モール型の楽天市場も、今後莫大な投資をしてまで自社倉庫の配送でAmazonと張り合おうとはしないんじゃないですかね。18カ所の拠点増設って、それだけ衝撃的なニュースです。言い方は悪いけど、Amazonによる植民地化が進んで

いるようなものなんですよ。

▶ 日本のクイックコマースのカギは、コンビニ !?

馬渕 そうすると、このまま日本の物流は Amazon に負けてしまうのでしょうか？

渡辺 期待できるのは「クイックコマース」ですね。

馬渕 クイックコマースとは何でしょう？

渡辺 オンラインで注文後、「ダークストア」と呼ばれる配送拠点専用の倉庫から「30 分以内」に配送されるというネットスーパーです。Amazon にも「Amazon フレッシュ」や成城石井などのネットスーパーのサービスがありますが、対象は一部エリアのみで、配送時間も最短 2 時間ですからね。

クイックコマースはすでに欧米で普及していて、近年は日本でも「OniGO」や「Yahoo! マート」など各社が展開しています。コロナ禍で「Uber Eats」に代表されるフードデリバリーが一般化したのと同様に、アフターコロナでは生活の一部になっていきそうです。

馬渕 もしかしたら、私も使い始めてるかも。

渡辺 コンビニのクイックコマースを使っている可能性はありますね。Amazon との物流戦争で「期待できる」と言ったのは、日本には全国 5 万 6000 店舗という巨大小売業のコンビニがあるからなんですよ。

クイックコマースは 30 分以内に配送しなくてはいけないので、商圏は 5km 程度。この商圏を全国で争うとしたら、中食においてはコンビニがかなり有利です。現在、セブン-イレブンの「7NOW」をはじめ、4000 店舗以上で運用されています。

馬渕 コンビニ以外のクイックコマースは、差別化が必要ですね。

渡辺　そのとおりです。都市圏では買いづらいコストコの商品を扱ったり、ネットで話題の商品をいち早く出すなど、コンビニには難しいサービスが求められます。いずれにしても、日本のクイックコマースはコンビニを中心に日本独自の進化を遂げるんじゃないかと予想できます。

馬渕　Amazon がサービスを拡充してクイックコマースに参入する可能性はありますか？

渡辺　Amazon が参入するとしたら、自社で起ち上げるよりもコンビニを買収する可能性のほうが高いんじゃないですか？

馬渕　コンビニを買収ですか!?

渡辺　そのほうが手っ取り早いですからね。たとえば、コンビニの物流網も手に入りますし、業界4番手以降のミニストップかデイリーヤマザキを買収したあと、いけると踏んだら、ローソンかファミリーマートを買収するかもしれない。両社の親会社である三菱商事や伊藤忠商事は、小売が本業ではないですから。

馬渕　本当に買収されたら衝撃的すぎますよ。

渡辺　十分あり得る話なんですよ。だから、そんなことが起きないように、親会社も含めて、日本の小売・物流を頑張って守っていってほしいと思います。

POINT

◎Amazon の物流網に対抗するカギは、クイックコマースの普及。

◎クイックコマースの商圏は 5km 前後。全国に店舗を持つコンビニに有利。

◎Amazon がコンビニを買収して、クイックコマース市場を握ってしまう可能性もゼロではない!?

「外食 vs. 中食」あなたはどっち派？ 飲食業と小売業の胃袋争奪戦

☑中食市場はコロナ前と比べて売上 7.2%アップ。
☑冷凍食品の売上は 10 年間で 1.5 倍に。

エヌピーディー・ジャパン『外食・中食 調査レポート』によれば、2021 年の外食市場は、コロナ前の 2019 年と比較して売上が 42.1%減少した。一方、中食は 7.2%増加しており、テイクアウトやデリバリーの利用も急増している。

▶ 中食需要増で冷凍食品の売上も増加

渡辺　共働き世帯が増えるなか、今後は食材を買って自宅で調理する内食が減っていくでしょう。家事分担も大変だし、スーパーの惣菜・弁当やテイクアウトといった中食に移行していくと思います。高齢世帯や単身世帯の増加も、中食を後押しするはずなんですよね。

馬渕　コロナ禍で自由に外食ができない期間があり、中食に乗り出す飲食店も増えましたよね。

渡辺　そうなんですよ。2021 年の外食市場は、コロナ前の 2019

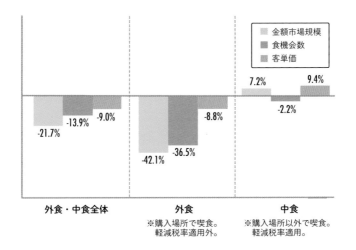

外食・中食市場の成長率（2021年1-12月計と2019年1-12月計の比較）

凡例：
金額市場規模
食機会数
客単価

外食・中食全体
-21.7%
-13.9%
-9.0%

外食
※購入場所で喫食。
軽減税率適用外。
-42.1%
-36.5%
-8.8%

中食
※購入場所以外で喫食。
軽減税率適用。
7.2%
-2.2%
9.4%

出典：NPD Japan, エヌピーディー・ジャパン調べ。

年と比較して売上高42.1％減という厳しい状況でした。何とかマイナスを補おうと中食を始める外食が増えたため、外食vs.中食だけでなく、中食においても飲食業vs.小売業という構図が生まれているんです。

僕は以前から至るところで言っているのですが、中食で注目すべきは「冷凍食品」なんですよ。単純に便利というのもありますが、冷凍技術の進歩も目覚ましく、品質面の満足度も上がっています。

馬渕 2021年の家庭用冷凍食品の工場出荷額は3919億円。2011年が2603億円だったので、10年間で1.5倍に成長しています。

渡辺 コンビニでも冷凍食品に力を注いでいて、冷凍棚が増えていますからね。

家庭用冷凍食品の工場出荷額の推移

コロナ前後の変化は、数字にも表れています。

	業務用			家庭用		
	百万	対前年比	構成比	百万	対前年比	構成比
2011	369,741	99.00%	58.70%	260,300	102.10%	41.30%
2012	374,449	101.30%	58.20%	268,844	103.30%	41.80%
2013	392,114	104.70%	57.90%	285,259	106.10%	42.10%
2014	395,547	100.90%	58.10%	284,971	99.90%	41.90%
2015	392,594	99.30%	57.10%	294,450	103.30%	42.90%
2016	398,532	101.50%	58.00%	288,598	98.00%	42.00%
2017	405,556	101.80%	56.60%	311,598	108.00%	43.40%
2018	397,633	98.00%	55.50%	319,335	102.50%	44.50%
2019	381,514	95.90%	54.70%	316,437	99.10%	45.30%
2020	327,882	85.90%	46.80%	372,612	117.80%	53.20%
2021	345,148	105.30%	46.80%	391,918	105.20%	53.20%

出典：日本冷凍食品協会「令和3年冷凍食品の生産・消費について」を基に作成。

▶ 冷凍技術の向上で、飲食店も導入可能！新たに海外市場も狙える

渡辺　冷凍食品が一般化して大変なのは、低価格のファミリーレストランなど、「厨房で冷凍食品をチンするだけ」というメニューを提供している外食です。わざわざそこに行かなくても、自宅で冷凍食品を食べればいい。中食では味わえない魅力を持っていないと、生き残るのが難しくなるでしょう。

馬渕　先ほど冷凍技術の話題が出ましたが、外食のメニューを急速冷凍して販売する手法も増えましたよね。

渡辺　テクニカンという会社の液体凍結機「凍眠(とうみん)」シリーズがすごいんですよ。マイナス30度の液体で冷凍させるのですが、同じ温度の冷凍庫よりも約20倍の速さで冷凍できます。急

速冷凍は食材の細胞が壊れないので、鮮度も保たれるということで、飲食店が導入すれば、店舗自体が冷凍食品工場に変わるんです。

しかも、これまで外食の店舗は、基本的に商圏が限られていましたが、冷凍宅配を活用すれば日本全国に商圏を広げることが可能です。

馬渕　地方の飲食店でしか食べられないようなメニューがお取り寄せできるとしたら、消費者としてもうれしいですね。

渡辺　そうなんです。さらに言えば、国内だけでなく海外に売り出すチャンスにもなることがポイントです。元々、海外では一定の和食人気がありましたが、2013年に和食がユネスコの無形文化遺産に登録されたことで、人気に拍車がかかっています。現在の冷凍技術は確実に追い風となっているので、ぜひとも海外にも販路を広げてほしいですね。

POINT

◎共働き世帯や高齢世帯の増加により、中食を利用する世帯が増えていく。小売業・中食市場には追い風が吹いている。

◎急速冷凍技術によって商圏が拡大。メーカーも飲食店も、「和食」を求める海外市場に販路を広げるチャンスが到来。

クリエイティブの領域まで進出する AI 化

☑国内 AI システムの市場規模は **2711 億 9000 万円**で、前年比 **26.3%**。

☑2022 年は「**画像生成 AI**」が大きな話題に。

IT 専門調査会社 IDC Japan によれば、2021 年の国内 AI システム市場は、市場規模 2711 億 9000 万円（エンドユーザー支出額ベース）だった。前年比 26.3%の成長であり、さまざまな業界に導入が進められている。

▶ AI はクリエイターに取って代わるのか？

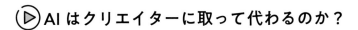

渡辺　AI の分野で 2022 年に話題になったのは、クリエイティブ関連の印象が強いです。とくにイラストでは、「Midjourney」（https://www.midjourney.com/）や「NovelAI」（https://novelai.net/）など、キーワードを入力するだけでプロのような絵が自動生成されることから、多くのユーザーが Twitter に画像をアップして盛り上がりました。

馬渕　すごい時代になりましたよね。

渡辺　動画配信サービス大手の Netflix では、膨大な視聴データを

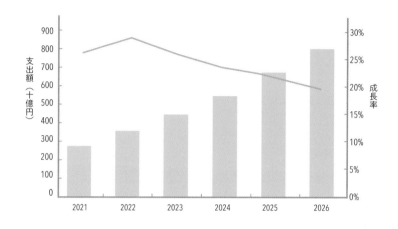

国内 AI システム市場 支出額予測（2021 〜 2026 年）

出典：IDC Japan（2022 年 5 月）

もとに、AI が原作の選択や俳優のキャスティングを行なっ
たオリジナル作品も出てきました。また、近年はハリウッド
映画でも AI による分析が進み、「興行収入を上げるための作
品」を教えてくれるそうです。

でも、AI 頼りの製作ってどう思います？　ある程度のヒッ
トは見込めるのかもしれませんが、前代未聞の大ヒットは生
まれないと思うんですよね。

馬渕　商業的に考えると、時には量産化が必要じゃないですか。そ
ういう部分ではアリかもしれない。ヒットの角度がある程度
確証されるので、企業にとっても業績のズレが少なくなるの
では？

渡辺　なるほど。いわゆる "ハズレ作品" が減るわけですね。たし
かに製作サイドとしては非常にありがたいことです。でも、
B 級映画が減るとなると、一部の映画マニアは悲しみそうだ

なぁ……。

馬渕　あとは、文章作成の AI 技術も上がってますよね。ネット媒
　　　体によっては記事の本数の多さが求められるので、事実だけ
　　　を羅列するような記事は AI に任せられるかもしれない。
　　　さらに記事に個性を加えるなら、言動がバズるような有名人
　　　の AI を搭載するのもいいでしょうね。たとえば……ひろゆ
　　　きさんとか？

渡辺　それはバズるかもしれませんね（笑）。リリースをもとに記
　　　事を書くことが多い業界紙などは、一部の記事を AI に任せ
　　　てもいいかもしれません。

▶ 怠け者は AI の活用に不向き !?

馬渕　クリエイティブの分野に限った話ではありませんが、要は使
　　　い方次第だと思うんです。「AI にすべて任せる」のではなく、
　　　「AI を上手に活用する」べきです。
　　　それこそ、私は 10 年前に金融業界に入りましたが、当時は
　　　「アナリストなんて AI に真っ先に取って代わられる仕事」と
　　　いう論調でした。でも、私は全然そんなことを思わなくて、
　　　むしろ情報収集やデータ分析において仕事の効率化ができた
　　　と感じています。

渡辺　「自分で考える」という能力が欠如したアナリストは消えて
　　　いくんですよ。考える力がないから、みんな AI がまとめた
　　　同じような情報を見て、同じような意見しか言えなくなって
　　　しまう。

馬渕　逆説的ですが、根が怠け者の人は AI の活用に不向きかもし
　　　れませんね。

渡辺　学生の論文で言えば、Wikipedia をコピペしちゃう学生と、
　　　Wikipedia を参考に自分の言葉でリライトできる学生の違い

かな？　結局、最後はその人本人の「考える力」が大事だと思います。

クリエイティブ業界においても、「オリジナリティをどう出すか」といった部分に注力する時間が増えますよね。とは言え、「AI×人間のクリエイティブ」でも大ヒットは生まれないんじゃないかなぁ。

馬渕　結局、最後は人間ですよ、絶対に。

渡辺　フルCGの映画が登場したときは話題になりましたが、それが良作かは別ですからね。おそらくAIが主流になったあと、完全アナログの作品とかが絶対に出てくるはずです。そういう作品にこそ、大ヒットが生まれる気がするんですよね。

▶AIに仕事は奪われない？

渡辺　先ほど「アナリストがAIに取って代わられる」という話が出ましたが、AIの話では高確率で「AIに奪われる仕事」の話題が出ますね。

馬渕　経済界や金融界では、すでにその議論は終わったという認識です。どちらかと言えば、現在は「AIによって現場が楽になる」という話題が多いです。

渡辺　実際、馬渕さんも生き残るどころか、バリバリ一線でご活躍なさっているわけですから。

馬渕　いえいえ、恐縮です。だから、他の業界においても既存の仕事をAIに任せた分、スキルをつけて所得の高い職業に就くという流れが一般的になると思います。

そもそも人口減で労働不足なので、AIは「職を奪う」ものではなく、限られた人口の「労働負荷を減らす」という役割ですよね。

渡辺　とは言え、必ずしもキャリアップの労働移動を果たせるとは

限らない。むしろ、苦労する人の多いんじゃないかなぁ。このあたりの話題は、テーマ的に4章で詳しく議論していきましょうか。

馬渕　そうですね。

POINT

◎AIがクリエイティブ産業で一定のヒットを予測できれば、ハズレ作品は少なくなる。

◎AIは「職を奪う存在」ではなく「労働負荷を減らす存在」。

サービスも続々登場！
メタバース＆NFTの可能性

☑ **2021年のメタバース市場は約4兆円（約388億ドル）。2030年には約78兆円（約6788億ドル）になるとの予想も。**

☑ **2026年までに「世界の4人に1人」がメタバースを「1日1時間以上」利用する!?**

インターネット上の三次元仮想空間として注目を集める「メタバース」。総務省によれば、2021年のメタバースの世界市場は4兆2640億円で、2030年には78兆8705億円まで拡大する見込みだという。また、リサーチ・アドバイザリー企業Gartnerは、2026年までに世界人口の25%が「メタバースで1日1時間以上過ごすことになる」と予測している。

▷ 現在は投機目的の参入者が多い

渡辺　Facebookが社名をMeta（メタ・プラットフォームズ）に変えたことでも話題になったメタバースですが、まだまだ「テクノロジー業界に敏感な一部の人が参加しているだけ」とい

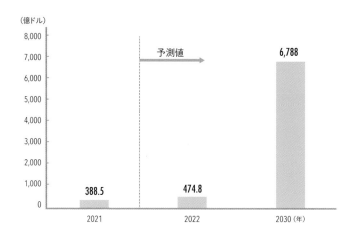

世界のメタバース市場規模（売上高）の推移および予測

（億ドル）

予測値

6,788

388.5

474.8

2021　　2022　　2030（年）

出典：総務省「令和4年 情報通信に関する現状報告」を基に作成。

った印象です。

馬渕　それもありますが、今はNFTが投機対象として注目を集めている側面が強いですね。

渡辺　そうか、NFTか。そもそもNFTって何でしょう？

馬渕　NFTとは「Non-Fungible Token（非代替性トークン）」の略で、「複製不可能なデジタルデータ」のことです。ブロックチェーンという技術を用いることで、情報の改竄ができない唯一無二の固有性を持たせることができます。

渡辺　それってすごいことなんですか？

馬渕　たとえば、近年はフリマアプリで有名人のサインなどが取引されていますが、偽物のサインも多く出回っています。ただ、本物かどうかの証明は非常に難しいですよね。しかし、NFTはその証明が可能なので、有名人の画像データやデジタルアートなど、付加価値を売りにした「デジタル資産」として取

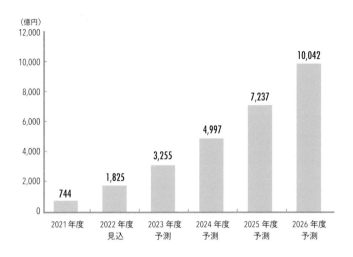

メタバースの国内市場規模予測

（億円）

- 2021年度：744
- 2022年度 見込：1,825
- 2023年度 予測：3,255
- 2024年度 予測：4,997
- 2025年度 予測：7,237
- 2026年度 予測：10,042

「矢野経済研究所」調べ。
出典：矢野経済研究所（プレスリリース 2022/9/21）を基に作成。

引きしやすいんです。

たとえば、2020年1月にはメジャーリーガー・大谷翔平選手のトレーディングカードのNFTが、10万ドルという高額で購入されたことが話題になりました。今後の取引ではさらに高騰する可能性もあり、こうした背景から投機目的で興味を抱く人が多いんですよ。

▶ クラファンに続く新たな資金調達の場

渡辺　NFTって個人でも発行できるんですか？

馬渕　できますよ。だから、個人の方が資金調達できる新たな場になる可能性があります。近年はクラウドファンディングで資金を集める方法が広がっていますが、その次のステージとして、メタバース上で「私のことを応援してくれるなら、この

NFTを買って投資してよ」と気軽に行なえる状況になっているんです。

渡辺 貧乏だけど腕の良いクリエイターが儲けられる可能性もありますね。早めに参入したほうが勝機がありますかね？

馬渕 まだ先行者利益はありますね。ただ、2017年に起きた仮想通貨ブームを思い出して欲しいのですが、ビットコインやイーサリアムなどの有名なコインの裏には、「草コイン」と呼ばれるまったく価値が上がらなかったコインが大量に誕生しましたよね？

渡辺 たしか日本のミュージシャンも作ってましたね。

馬渕 そうですね。「もしかしたら価値が100倍になるかもしれない」という淡い期待から草コインが乱立したわけですが、現在のNFTも似たような状態になっています。

渡辺 玉石混淆なんですね。

馬渕 未成熟の産業にはよくあることですね。良いモノも悪いモノも現れて、淘汰されることで産業が成熟されていく。

渡辺 こういう新しい場所で怪しいモノも登場しないと、既得権益は打破できないですからね。

馬渕 おっしゃるとおりです。

渡辺 投機の話題が先行してしまいましたが、そもそもメタバースって仮想空間にアバターで入って何かするんですよね？

馬渕 本来ならば、その楽しみ方が一般的なんですよね。メタバース上にいろいろな場所があり、ゲームを楽しんだり、食べ物やアバターの服などの買い物ができたりする。そのゲーム上に登場する土地やアイテムとしてNFTが使用されることがあるので、ユーザーは仮想通貨で購入します。

渡辺 企業がメタバース上でイベントも開催してましたよね。

馬渕 バーチャル渋谷やバーチャル大阪で開催された「ハロウィーンフェス」は、KDDIの制作でした。他にも、IT企業を中心

に「バーチャル入社式」や「バーチャル会議」も行なわれています。

渡辺　メタバース上でも仕事するのはイヤだなぁ。

馬渕　そこなんですよね。Web3.0の考え方は「働くこと」ではなく「遊ぶこと」です。楽しみながら対価を得たり、何か興味のあるものを鑑賞するだけで報酬がもらえるのがメタバースの世界なんです。NFTの売買が一切ない無料の空間もありますし、自分たちが実際に利用してみて楽しいと思えるサービスが増えていけば、一般のユーザー数も増えていくでしょうね。

渡辺　「個人消費の場」としては、実に日本人向けだと思います。日本人って、外国人に比べてSNSでも本名を使用しない匿名のユーザーが多いじゃないですか。しかも、さらに裏アカウントまで持って、そこでむき出しの感情を綴ったりする。だから、そんな日本人がメタバース上で別人格のアバターをつくったら、リアルとは異なる本能的な消費が発生するんじゃないかと思うんですよ。日本人の隠れた消費行動に備えて、日本企業も乗り遅れることなくメタバースに参入して、魅力的な空間を用意してほしいですね。

POINT

◎NFT投機の関心が高まっているが、黎明期の現在は無価値なNFTも大量に生み出されている。

◎自身のNFTを購入してもらうことで、新たな資金調達の場としても期待される。

◎匿名で感情をむき出しにしやすい日本人は、メタバース上でも隠された消費行動が表面化する可能性も!?　企業も大小問わず早めに参入して、小さな失敗を繰り返して経験値を積んでおくといい。

日本人が言語の壁を越える「翻訳機」の重要性

☑世界で最も話者数が多い言語は「英語」の 11 億 3237 万人。

☑「日本語」の話者数は 1 億 2835 万人で、世界 12 位。

言語研究団体 SIL インターナショナルの『Ethnologue』によれば、世界で話者数の多い言語は、1 位英語、2 位中国語、3 位ヒンディー語…と続き、日本語は 12 位だった。国内の市場規模が大きかった日本は母国語の優先度が極めて高く、外国語の習熟度は決して高くない。しかし、グローバル化が急速に進む昨今、日本経済が伸び悩んでいる点も考慮すれば、外国語の重要性は日増しに高まっている。

▶ シェアトップの国産 AI 通訳機「ポケトーク」

渡辺　今後、日本が世界で勝負していく上で欠かせないのが翻訳機です。

馬渕　翻訳機ですか？

渡辺　そうです。翻訳機は絶対に大事だと思っていて、研究・開発をしまくるべきなんですよ。将来的に世界人口が 100 億人

言語の話者数ランキング

順位	言語	話者数
1	英語	11 億 3237 万人
2	中国語（官話）	11 億 1660 万人
3	ヒンディー語	6 億 1548 万人
4	スペイン語	5 億 3434 万人
5	フランス語	2 億 7982 万人
6	標準アラビア語	2 億 7399 万人
7	ベンガル語	2 億 6504 万人
8	ロシア語	2 億 5823 万人
9	ポルトガル語	2 億 3417 万人
10	インドネシア語	1 億 9873 万人
12	日本語	1 億 2835 万人

日本人が世界市場を狙うには、やっぱり翻訳機は欠かせないかも。

※母語ではなく話者数。
※千の位を四捨五入。
※官話：標準語／公用語
出典：「The 100 Most-Spoken Languages in the World」

を突破するなか、日本の人口は 1 億人を下回る見込みです。「日本語の価値」は低下していく一方なんです。

馬渕　話者数の言語ランキングを見ると、日本語は世界で 12 位なんですね。

渡辺　「世界で 12 番目に話者数が多い言語」と聞くと、決して低いわけではありません。しかし「多言語を学ぶ優先順位」として捉えたら、12 番目の外国語の勉強なんて後回しもいいところでしょう。国内の経済が停滞・縮小するなか、日本は海外で勝負しないと経済が成り立たなくなる。そのとき、どうしても"言語の壁"が大きなハンデになります。

馬渕　「世界の共通語」とされる英語も、日本人はあまり得意ではありませんよね。

渡辺　そのとおりです。2020 年度から小学校で英語が必修化されましたが、今から日本人の英語力を底上げするような教育方

世界の英語能力指数ランキング（111カ国中）

1	オランダ	31	香港特別行政区	76	モロッコ
2	シンガポール	32	イタリア	78	アラブ首長国連邦
3	オーストリア	33	スペイン	80	日本
4	ノルウェー	34	フランス	81	インドネシア
5	デンマーク	36	韓国	85	エジプト
6	ベルギー	38	キューバ	86	モザンビーク
7	スウェーデン	52	インド	87	アフガニスタン
8	フィンランド	62	中華人民共和国	88	メキシコ
9	ポルトガル	64	トルコ	102	サウジアラビア
10	ドイツ	65	ネパール	111	ラオス

出典：「EF EPI 2022」を基に作成。

　　針をとったところで焼け石に水ですよ。そこで重要になって
　　くるのが翻訳機というわけです。

馬渕　国産のAI通訳機「ポケトーク」（ポケトーク株式会社）は、
　　この分野のトップランナーと言えるのではないでしょうか。
　　国内だけでなく、米国市場や欧州市場でもシェア1位を獲
　　得しています。

渡辺　すばらしい！　僕が求めているのは、まさにそういう日本メ
　　ーカーの商品なんですよ。

馬渕　ポケトークの親会社であるソースネクストは、2024年を目
　　処にポケトークを分社化し、日本のプライム市場への上場を
　　目指しています。さらに将来的にはナスダック上場も視野に
　　入れているそうです。

渡辺　世界市場で戦おうとしているんですね。こういう国産商品を、
　　もっと日本人は応援しなきゃいけない。海外メーカーのスマ

ホで言えば、Google Pixel の「リアルタイム翻訳」ってすごいんですよ。精度が高い。でも、国産の翻訳機があるのなら、やっぱり購入して応援したいですよね。

渡辺 あと欲を言えば、今後は翻訳機の同時通訳に"感情"も乗せてほしいです。たとえば「ヤマハの持田香織」みたいな技術を使うとかね。

馬渕 「持田香織」って、Every Little Thing の持田さんですか？

渡辺 そうです。ヤマハが人の声をリアルタイムで別の人に変換する「TransVox（トランスヴォックス）」という技術を開発中なのですが、今夏、その実証実験としてカラオケ店に「持田香織の声になるマイク」を期間限定で提供していたんです。

馬渕 おもしろい実験ですね。

渡辺 「AI が人の声や発音・抑揚を瞬時に分析して再合成する」という技術なので、ポケトークなどの翻訳機と組み合わせれば、感情を持った通訳が実現できるかもしれない。機械音声や字幕による翻訳じゃなくて、感情を持った言葉による交渉って、やっぱりビジネスの場では大切です。そんな「感情も伝えられる AI 通訳機」が誕生したら、日本ならではのマニアックな強みを持った商品として、世界で戦えると思うんです。

 POINT

◎世界に向けたビジネスをする際、日本人は言語の壁が大きなハンデとなっている。

◎ただ翻訳機を利用するだけでなく、翻訳機そのものも国産商品で世界と戦う。

第 **4** 章

企業・労働と生活

日本の企業数の99.7％、売上高約50％の中小企業の底上げが国力アップの生命線

☑ 日本の企業は99.7％が中小企業、従業員は68.8％が中小企業勤務。

☑ 全企業の売上高1427兆円のうち、中小企業の売上高は44.1％を占める。

中小企業庁によれば、日本の企業数は大企業1万1157社に対し、中小企業357万8176社。実に99.7％が中小企業で占められている。売上高や付加価値額においても5割近くが中小企業であり、国力アップのためにも中小企業の底上げは欠かせない。

▶ 中小企業の経済規模は無視できない

渡辺 メディアが取り上げる企業の話題って、基本的に大企業が中心であることが気になるんですよね。

馬渕 WEBメディアの記事に限れば、見出しに大手の企業名を出さないとビューが稼げないなど、いろいろな事情もあるかと思いますけどね。

渡辺 でも、実態とかけ離れていたら、ニュースを見ても腑に落ち

	大企業	割合	中小企業	割合
「大企業」と「中小企業」の比較				
企業数	1万1157社	0.30%	357万8176社	99.70%
従業者総数	1458万8963人	31.20%	3220万1032人	68.80%
売上高	798兆6085億円	55.90%	629兆133億円	44.10%
付加価値額	120兆5336億円	47.10%	135兆1106億円	52.80%

※付加価値額＝営業利益＋役員給与＋役員賞与＋従業員給与＋従業員賞与＋動産・
　不動産賃借料＋租税公課
出典：中小企業庁「中小企業の基礎データ」を基に作成。

　　　ないと思うんですよ。だから、中小企業のデータも把握して
　　　おく必要があります。

馬渕　大企業と中小企業の諸々のデータを比較すると、改めて中小
　　　企業の影響の大きさがわかります。

渡辺　そうでしょう？

　　　企業数で言えば、日本の99.7％が中小企業だし、従業者総
　　　数でも68.8％が中小企業です。大手企業のニュースを見せ
　　　られても、約7割にとっては「まぁ、うちには関係ないし
　　　な」と思われちゃうんですよ。

　　　僕自身、かつてはローソンという大企業にいたので、ニュー
　　　スの違和感に気がつきませんでした。

　　　でも、独立して初めて気がついたんですよ。メディアで報じ
　　　られている大企業関連の話題がほとんどで、今の僕には関係
　　　ないことも多いなって。

馬渕　売上高も驚きですよね。さすがに大企業のほうが高いだろうとは思っていましたが、中小企業の売上高も44.1％でした。

渡辺　正直、もっと低いと思っていましたよね。ほぼ半分じゃないですか。無視できるような規模じゃありませんよ。

▶ 日本は中小企業の補助が手厚い

渡辺　国力を上げるならば、もっと中小企業にも目を向けたほうがいいと思います。政府が発表する施策は、大企業に向けたものばかりな気がするんですよ。

馬渕　それは、メディアで報じられる内容が、大企業関連が多いことと関係しているかもしれません。実は、日本は中小企業に対する施策が豊富なんですよ。

渡辺　そうなんですか!?

馬渕　補助金にしても、細かいものがたくさん用意されているので、不況でも日本の中小企業の多くが生き残っている理由はそこにあるんですよね。

渡辺　それって「倒産してもおかしくないような中小企業が、補助金のおかげで生き残ってしまっている」という見方ができるんじゃないですか。そうだとしたら話が変わってくるかもしれないなぁ……。

馬渕　中小企業再編の提唱者であるデービッド・アトキンソンさんは、手厚い補助を見直して、生産性の低い企業は淘汰したらいい、ということを言っていますよね。

渡辺　わかります。でも、そうは言っても、ねえ？

馬渕　そうなんですよ。
　　　アトキンソンさんの提案はごもっともですが、アメリカは、ややもすれば弱者を切り捨てるような施策を行なえるんですが、日本は難しいですよね。

付加価値にフォーカスを当てるなら、大企業よりもパイは大きいわけだし、小規模でも生み出しているものがあると思うんですよね。

▶️ ITツールの導入が進まない

渡辺 アトキンソンさんの方法とは別に、何か解決策はないんでしょうか？

馬渕 最も有効なのは DX です。

中小企業には、まだ手書きで経費計算するなど、アナログな企業が本当に多いんですよ。

渡辺 こんなこと言いたくないけど、数字をごまかして補助金を受け取るなら、アナログのほうが都合がいいのかもしれない。

馬渕 そうした問題も含めて、IT ツールの導入を推進するのが根本的かつ手っ取り早い解決方法だと思います。

渡辺 政府から見ても透明化されるから、中小企業の分析がしやすくなりますよね。

馬渕 政府も IT 導入のための補助金やノウハウ提供など手厚く行なっているのですが、それでも導入してくれない中小企業が多いんですよね。第1章で取り上げた後継者不足問題（26ページ）も、若者層を中心に「アナログな会社で働きたくない」という意識が強く、人材不足に陥っていることが一因ですし。

渡辺 期限を設けて「IT ツールを導入しない中小企業は補助を打ち切る」くらいのことをやらないとダメなのかな。

馬渕 IT 化して経営状態を俯瞰した結果、「このままいけば赤字が続いて倒産するとわかったから、黒字のうちに倒産させた」という経営者もいました。

渡辺 やっぱり正しい数字を把握することは大事ですね。IT 化に

よって透明化すれば、具体的な課題が見えてくるし、それに向けた解決も動きやすくなるんですよ。

 POINT

◎メディアは大企業ばかり取り上げる。日本の売上高約50%を占める中小企業を意識した報道も増やしたほうがいい。

◎中小企業はIT化を進め、経営状態を把握した上で課題解決に取り組むべき。

非上場を選ぶ企業が
増えている!?

☑ 日本の上場企業は 3822 社。

☑ 2013 年から 2022 年までの 10 年間で上場廃止した企業
は計 600 社。

日本取引所グループによれば、上場会社数は 2021 年末
で 3822 社。2001 年末の 2141 社から右肩上がりで増加
を続けている。しかし一方で、近年は上場を廃止する企
業も目立っている。大企業であっても非上場を選ぶ理由
とは何だろうか。

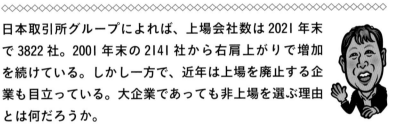

▷ あの有名企業も非上場!?

渡辺　ここ数年、非上場の企業が増えている気がするんですが、い
　　　かがですか？

馬渕　直近ですと、2022 年 3 月に道路舗装業界の最大手 NIPPO
　　　が上場廃止したのが記憶に新しいですね。

　　　東京証券取引所の上場廃止数を見ると、2019 年が 42 社、
　　　2020 年が 57 社、2021 年が 86 社、2022 年が 75 社（12 月
　　　1 日時点）なので、たしかにコロナ後に急増しています。廃

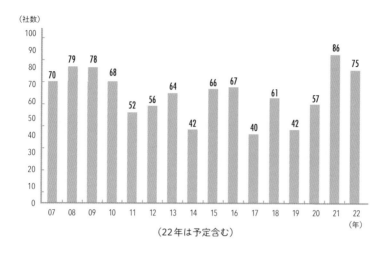

（社数）

（22年は予定含む）

（年）

出典：東京商工リサーチ調べを基に作成。

止理由は「完全子会社化」や「株式の併合」が多いので、企業の再編を目指していると考えられます。

渡辺 東京電力、日本郵便、サントリーホールディングスなど、非上場の大企業って意外と多いですよね。大企業が非上場を貫く理由はなんでしょう？

馬渕 上場企業は四半期ごとに決算を発表しなくてはいけません。その都度、投資家たちにジャッジされるようなものなので、株価が急落するリスクがあります。

▶非上場企業は経営の自由度が高い

渡辺 上場していると、中長期的な戦略が組みにくいですよね。

馬渕 5年先を見通して戦略をとるならば、当初は利益が伸びなかったり、赤字になったりすることもあります。企業にとって

えっ？ あの会社も！ 非上場の大手企業（一部）

会社名	業種
東京電力	電力・ガス
サントリーホールディングス	食料品
日本郵便	サービス
イオンリテール	スーパー
ヤマト運輸	貨物運送
電通	広告
コスモ石油	石油石炭
ダイハツ工業	輸送機器
NTT東日本	通信・放送

誰もが知っている会社も非上場！ 非上場ならではのメリットがあるわけです。

　　は必要なことですが、株主たちが短期的な視点しか持っていないと批判されてしまう。

渡辺　僕は自社株で購入した元勤務先のローソンの株主総会に数年出席していたのですが、株主の対応には苦労していましたね。小学校の学級会のような雰囲気もあり、少しピントのずれた質問やモンスタークレーマーのような人も多かったんです。でも、当然ですけど大事な株主様ですから、すべての意見に真摯に対応しなくてはいけない。大株主が企業の戦略から大きくズレたような要望を出したら、その意見に左右されかねません。こうしたデメリットを考えると、潤沢な資金がある企業は非上場でもいい気がしちゃいます。

馬渕　でも、上場企業のメリットも大きいですからね。何と言っても信頼度が高いので、資金調達や人材確保においては非常に有利です。だから、どちらが正しいということはなくて、消

上場企業と非上場企業の比較

主な違い	上場企業	非上場企業
株式の呼称	上場株式	未公開株式
主な株主	一般投資家	経営者自身や親族、特定の出資者、関係会社など
経営の自由度	株主の意見を反映する必要がある	株主の意見に左右されにくい
株式による資金調達	容易になる	資金を集めにくい
情報開示の義務	あり（四半期ごと）	なし
買収のリスク	あり	なし

費者にとっては、ただ単純に「上場と非上場の2種類があるんですよ」ということを知っておくだけでいいと思うんですよね。

POINT

◎非上場企業は株主の意見に左右されにくく、中長期的な戦略を組みやすい。

◎上場企業は知名度や信頼度が高く、資金調達や人材確保において有利。

正規と非正規の賃金格差問題
非正規に芽生える雇用意識の変化

☑2021年の正規雇用は3555万人、非正規雇用は2064万人。

☑2021年の平均年収は、正社員約323万円、正社員以外約217万円。

厚生労働省によれば、2021年の平均年収は、正社員が約323万円、正社員以外は約217万円だった。平均年収の対前年増減率は正社員がマイナス0.2%、正社員以外はプラス0.9%で、正社員以外の増加率が上回っている。しかし、依然として年収の差は大きく、賃金格差が課題となっている。

▶ 正規と非正規の格差は拡大していく

渡辺 総務省『労働力調査』によると、2021年の従業員数は、正規雇用（正社員・正職員）が3555万人、非正規雇用（正社員・正職員以外）が2064万人。約36%が非正規なんですね。

馬渕 そんなに多いんですか？

渡辺 「非正規」の雇用形態定義に短時間のパート・アルバイトな

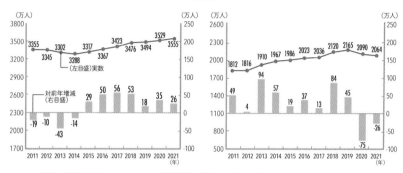

正規、非正規の職員・従業員数の推移

正規の職員・従業員 －男女計－ 非正規の職員・従業員

出典：総務省「労働力調査」の「2021年平均結果の概要」を基に作成。

ども含まれているからでしょうね。国税庁の『民間給与実態統計調査』では、「1年を通じて勤務した正社員以外の給与所得者」は1271万人とのことですので、いわゆる派遣社員などを中心とした実数はこちらが近いと思われます。

さて、平均年収は正規が約323万円で、非正規が約217万円。正規を100とした場合の賃金格差は67.0です。正規と非正規、大企業と中小企業、それぞれ所得の格差は小さいほうがいいけど、物価高もあるし最低賃金の引き上げもあるし、今後はより格差が広がっていきそうです。

馬渕　広がるでしょうね。特に上場企業経営者が増えているので、彼らがベンチャー企業などに投資し、そのベンチャーがまた上場する……というサイクルができあがっています。でも、ずっと非正規雇用のままだと、その恩恵に預かることができません。否応なしに格差が広がると思いますが、それでも海

雇用形態、性、年齢階級別賃金、対前年増減率および雇用形態間賃金格差

2021年

年齢階級	男女計 正社員・正職員		男女計 正社員・正職員以外			男 正社員・正職員		男 正社員・正職員以外			女 正社員・正職員		女 正社員・正職員以外		
	賃金(千円)	対前年増減率(%)	賃金(千円)	対前年増減率(%)	雇用形態間賃金格差1)【正社員・正職員=100】	賃金(千円)	対前年増減率(%)	賃金(千円)	対前年増減率(%)	雇用形態間賃金格差1)【正社員・正職員=100】	賃金(千円)	対前年増減率(%)	賃金(千円)	対前年増減率(%)	雇用形態間賃金格差1)【正社員・正職員=100】
年齢計	323.4	-0.2	216.7	0.9	67.0(66.3)	348.8	-0.5	241.3	0.5	69.2(68.5)	270.6	0.5	195.4	1.1	72.2(71.8)
～19歳	183.9	2.1	167.9	-3.6	91.3(96.6)	186.9	2.2	168.9	-10.2	90.4(102.8)	178.6	1.6	166.8	5.3	93.4(90.1)
20～24	216.6	0.6	183.0	-0.2	84.5(85.1)	218.0	0.3	187.8	0.0	86.1(86.4)	215.0	0.8	179.2	-0.3	83.3(84.2)
25～29	250.9	0.5	204.9	1.2	81.7(81.1)	256.7	0.2	212.8	1.3	82.9(82.0)	242.2	1.1	198.9	1.2	82.1(82.0)
30～34	283.7	0.3	207.6	0.2	73.2(73.3)	295.6	0.3	218.7	-1.8	74.0(75.6)	258.6	0.2	199.4	2.2	77.1(75.6)
35～39	315.9	-0.1	208.3	-2.8	65.9(67.8)	333.4	-0.4	225.1	-4.3	67.5(70.3)	274.5	0.6	197.4	-1.6	71.9(73.5)
40～44	341.8	-0.5	210.2	-0.8	61.5(61.7)	364.6	-0.8	230.4	-4.2	63.2(65.5)	288.1	0.6	200.2	1.8	69.5(68.6)
45～49	361.4	-1.2	209.9	-1.4	58.1(58.2)	390.5	-1.5	236.2	-3.8	60.5(62.0)	292.6	-0.4	199.2	0.4	68.1(67.5)
50～54	388.4	-1.0	212.0	1.1	54.6(53.5)	422.6	-2.0	274.7	1.8	58.4(56.3)	305.6	1.0	196.1	0.3	64.2(64.6)
55～59	393.0	-0.5	210.5	-0.8	53.6(53.5)	428.6	-0.6	242.8	-3.7	56.6(57.9)	305.3	0.6	192.8	1.2	63.2(62.7)
60～64	329.8	1.1	248.8	3.2	75.4(73.3)	351.6	0.6	274.7	3.0	78.1(76.2)	272.2	0.1	197.8	4.1	72.2(69.9)
65～69	299.2	1.1	224.2	3.4	74.9(73.8)	310.0	0.1	240.9	2.6	77.7(75.8)	268.6	4.5	186.9	3.3	69.6(70.4)
70～	280.1	-1.1	205.6	-1.6	73.4(73.8)	291.3	-0.8	218.6	-1.5	75.0(75.6)	248.6	-2.7	176.2	-1.9	70.9(70.3)
年齢(歳)	42.3		49.6			43.1		52.3			40.6		47.3		
勤続年数(年)	12.8		9.5			14.0		11.2			10.2		8.1		

1)（　）内は、令和2(2020)年の数値。
出典：厚生労働省「令和3年賃金構造基本統計調査」を基に作成。

外の主要国と比較すると差は小さいんですよね。

渡辺 なんで日本は海外よりも賃金格差が小さいんですか？

馬渕 所得税です。住民税を含めると、最高税率55％となり、主要国と比較してもトップクラスに高いんですよ。しばしば富裕層から「日本は中間層に居心地が良い社会」という愚痴を聞きます。日本の富裕層のなかには、マクラーレンなどの高級車を所有していてもシートで隠してる人が多いんです。

渡辺 嫉妬されるから？　何だか夢がない話ですね。

馬渕 上場したからと言って、高級車に乗っていると株主に叩かれるらしいんですよ。だからシートで隠して、深夜などにこっそり乗る。

渡辺 何でもかんでもSNSに晒されて、生きづらい世の中になっちゃいましたよね。しかも最近は、物価高に賃金値上げが追いついていないから、日本の労働者の大部分を占める中間層

自分の都合のよい時間に働きたいから

家計の補助・学費等を得たいから

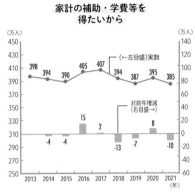

家事・育児・介護等と両立がしやすいから

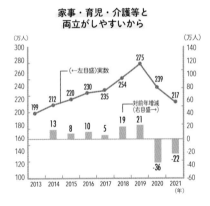

正規の職員・従業員の仕事がないから

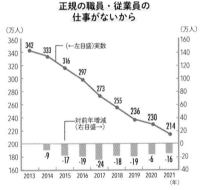

（注）現職の雇用形態についた主な理由にかかわる項目については、調査票の変更に伴い、2013年から集計を開始した。そのため、対前年増減の算出は2014年以降となる。
出典：総務省「労働力調査」の「2021年平均結果の概要」を基に作成。

の貧困化が進んでいるじゃないですか。より富裕層に対する嫉妬が強まりそうです。

馬渕 だから、中間層や非正規の底上げは必須ですよね。

渡辺 上げていくべきだけど、それですべての企業が値上げできれば苦労しないですよね。国内市場だけでは売上が厳しいから、やっぱり「海外市場で勝負する」という結論になります。

▶ あえて非正規雇用を選ぶ人が増加

渡辺 でも、近年の非正規雇用って、決して正社員になれなくて困っている人たちばかりじゃないんですよ。

『労働力調査』によれば、非正規を選んだ理由として「正規の仕事がないから」と回答した人は、2013年の342万人から減り続けて2021年には214万人。一方、「自分の都合の良い時間に働きたいから」と回答した人は、2013年の431万人から増え続けて2021年には654万人です。これは、非常に興味深い結果です。

馬渕 働き方の多様化の影響ですよね。

渡辺 コンビニ業界でも「スポットワーカー」という働き方が登場していて、働く店舗や時間をその都度選べるんですよ。でも、すごく仕事のできるバイトが来たらオーナーも抱え込みたいじゃないですか。ところが、彼らは「縛られたくないから」とオーナーの誘いを断る。勤務先やシフトが固定された労働条件を敬遠しているそうです。

馬渕 それでも、やはり正規雇用にこだわる人が一定数いるのも事実です。彼らは「今は非正規だけど、正社員を目指して頑張る」という考え方です。

それというのも「自分の専門性を活かして活躍するのは正社員になってから」という風潮が残っているからです。そうし

た企業にとって非正規は、コストを抑えるための人材と見なされるので、それが非正規の賃金が低い理由の1つです。

渡辺　でも、働き方次第では、非正規でも稼げるんですよね。むしろ「稼ぎたいから非正規にする」という人もいるわけです。この話題については、176ページで詳しく解説していきたいと思います。

◎正規と非正規の賃金格差は拡大する見込みで、中間層の貧困化も進んでいく。

◎「正規雇用の求人がないから」ではなく「自由に時間を使いたいから」という理由で非正規雇用を選ぶ人が増えている。

55歳からの働き方
壮年社員のモチベーション問題

☑役職定年制度を導入している民間企業は **16.4%**。
☑役職定年後、年収が半分以下になるケースは約 **4 割**。

定年退職よりも前の時期に、部長や課長などの管理職か
ら外れる「役職定年制度」。人件費の削減や組織の新陳
代謝などが目的で、55 歳前後で役職定年を迎えること
が多い。2023 年度からは公務員の定年（60 歳）が段階
的に引き上げられ、2031 年度以降に 65 歳定年制に完全
移行する。これに伴い、公務員でも役職定年制度が導入される見通
しだ。

▷ 同期で役職定年を免れたのは何人？

渡辺　僕は今 55 歳ですが、55 歳って役職定年の年齢なんですよ。
　　　人事院『民間企業の勤務条件制度等調査（平成 29 年度)』
　　　によれば、役職定年制度を導入している民間企業は 16.4%。
　　　大企業ほど導入しているケースが多く、500 人以上の企業で
　　　は 30.7%が導入しています。
　　　ちなみに、僕がバブル期にローソンへ入社したときの同期は

役職定年制の有無別、動向別企業数割合
（母集団：事務・技術関係職種の従業員がいる企業）

(%)

項目＼企業規模	計	役職定年制がある			役職定年制がない				不明
			今後も継続	廃止を検討		以前からなく導入予定もなし	廃止した	導入を検討	
規模計	100.0	16.4	(95.6)	(4.4)	83.4	(88.8)	(3.9)	(7.3)	0.2
500人以上	100.0	30.7	(95.7)	(4.3)	68.8	(79.8)	(10.8)	(9.4)	0.5

（注）（　）内はそれぞれ、役職定年制がある／ないと回答した企業を100とした割合。
出典：人事院「民間企業の勤務条件制度等調査」（平成29年度）を基に作成。

定年制の有無別、定年年齢別企業数割合
（母集団：事務・技術関係職種の従業員がいる企業）

(%)

項目＼企業規模	計	定年制がある				定年制がない
				定年年齢		
			60歳	61歳以上65歳未満	65歳以上	
規模計	100.0	99.5	(81.8)	(3.4)	(14.4)	0.5
500人以上	100.0	99.5	(85.6)	(3.4)	(10.7)	0.5
100人以上500人未満	100.0	99.7	(84.4)	(3.4)	(12.0)	0.3
50人以上100人未満	100.0	99.3	(76.4)	(3.4)	(19.6)	0.7

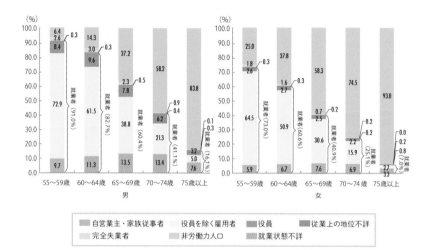

55歳以上の者の就業状況

_ref

（注1）年平均の値
（注2）四捨五入の関係で、足し合わせても100.0％にならない場合がある。
出典：総務省「労働力調査」（令和3年）を基に作成。

130人弱いました。そのうち半分は女性を中心とした事務職で、残り半分が総合職です。さて、この総合職60人のうち、役職定年を免れたのは何人だったと思いますか？

馬渕 えーと……5人くらいですか？

渡辺 正解は2人です。

馬渕 うわ、少ない！

渡辺 役員になった2人だけなんですよ。それ以外は特別の処遇がない限り、役職定年を受け入れるか、僕みたいに辞めちゃうかです。僕がローソンを退社した理由の1つは、「どうせ自分は役職定年に引っかかるだろうな」と思ったからです。役職定年になると、年収がガクッと落ちます。ダイヤ高齢社会研究財団によれば、役職定年後に年収減になった社員は9割以上で、全体の4割は年収50％未満になっているそうです。その上、部署異動がなければ、それまで部下だった人間

第4章 企業・労働と生活

167

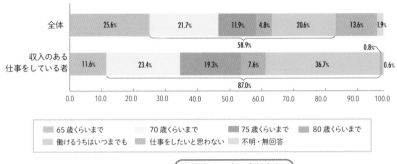

あなたは、何歳ごろまで収入を伴う仕事をしたいですか？

| | 65歳くらいまで | 70歳くらいまで | 75歳くらいまで | 80歳くらいまで | 働けるうちはいつまでも | 仕事をしたいと思わない | 不明・無回答 |

全体：25.6% / 21.7% / 11.9% / 4.8% / 20.6% / 13.6% / 1.9%　58.9%　0.8%

収入のある仕事をしている者：11.6% / 23.4% / 19.3% / 7.6% / 36.7% / 0.6%　87.0%

労働意欲の高い高齢者を、社会がどのように活用するかで、日本の労働力は大きく変わります。

（注1）調査対象は、全国の60歳以上の男女。
（注2）四捨五入の関係で、足し合わせても100.0％にならない場合がある。
出典：内閣府「高齢者の経済生活に関する調査」（令和元年度）を基に作成。

が自分の上司になります。

馬渕 めっちゃ、モチベーション下がりますね。昔ならまだしも、今の55歳って現役バリバリじゃないですか。

▶50代、60代の労働力をどう活用するか？

渡辺 役職定年が近づく50歳前後から、モチベーションが明確に分かれるんですよ。僕みたいにギラギラして「まだ頑張るぞ！」と燃えるタイプもいれば、「退職金をもらって、さっさとリアイアしたい」と情熱を失ってしまうタイプも多い。

馬渕 貴重な労働力の生産性が落ちてしまうわけですから、日本社会にとって明らかに損失ですよね。

渡辺 しかも、65歳定年延長が義務化され、民間企業は2025年4月から、公務員も2031年4月から65歳までの雇用を確保

しなくてはいけません。人生100年時代と言われるなか、定年後再雇用を利用する人も増えるでしょうし、50代、60代の労働者をいかに上手に働かせるかは大きな課題です。

馬渕 雇用の流動化やスタートアップ（170ページ）や働き方の多様化（176ページ）を活用すれば、十分に輝ける可能性があります。ぜひともモチベーションを下げずに頑張っていただきたいものです。

POINT

◎役職定年が近づく50歳前後から労働意欲が低下する恐れがある。

◎65歳定年延長の義務化が待ち受けるなか、50代・60代の労働力をどう上手く使うかが課題となる。

加速する雇用の流動化と
スタートアップ

☑国内のスタートアップ投資額は8年間で約9倍。
☑政府はリスキリング支援に5年間で1兆円を投じる予定。

短期間で急成長が見込めるとして注目を集める「スタートアップ」。2021年の国内スタートアップ向け投資額は7801億円であり、8年間で約9倍に膨らんでいる。「ジョブ型雇用」や「リスキリング」とともに雇用の流動化を生む手段として、政府も推進に力を注ぐ方針だ。

▶ 億単位の資金も調達可能な
スタートアップ投資

馬渕 賃金が思うように上がらないなか、解決策として一番言われているのは「雇用の流動化」なんですよね。生産性の低い産業の人材を、生産性の高い新しい産業へ移す……というのが王道なのですが、実現するためには大規模なリストラという痛みを伴う。でも、やらないといけないことなんですよ、雇用の流動化って。

渡辺 でも、生産性の高い新しい産業ってないですよね？

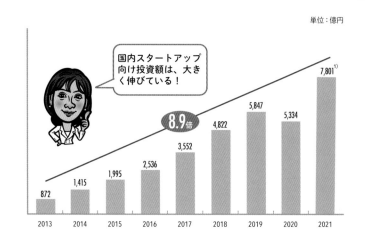

国内スタートアップ向け投資額の推移

単位：億円

国内スタートアップ向け投資額は、大きく伸びている！

8.9倍

年	金額
2013	872
2014	1,415
2015	1,995
2016	2,536
2017	3,552
2018	4,822
2019	5,847
2020	5,334
2021	7,801[1]

1）2022年1月25日時点のデータであり、今後調査が進めば投資額の実績が伸びる可能性がある。
出典：INITIAL「Japan startup finance」を基に作成。

馬渕　そうなんです。だからこそ「スタートアップ支援」が重要だと思います。

渡辺　「スタートアップ」って最近よく聞くんですけど、そもそもベンチャーと何が違うんですか？

馬渕　ベンチャーは、既存のビジネスモデルをもとに新規事業に取り組んでいる企業全般を指す言葉です。一方、スタートアップは、革新的なアイデアによって短期間で急成長が期待できる企業のことなんですよ。

　　　あと、スタートアップは資金調達においても大きな特徴があります。銀行から融資を受けようとしても、借りられる額はせいぜい300万円程度。しかし、スタートアップの資金調達先は、「ベンチャーキャピタル（VC）」や「エンジェル投資家」と呼ばれる、未上場の新興企業への投資に積極的な人たちです。その結果、億単位の資金調達が可能となり、爆発

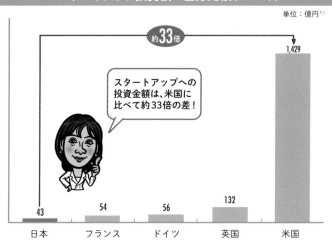

スタートアップ投資額の国際比較（2020年）

単位：億円[1)]

約**33**倍

スタートアップへの
投資金額は、米国に
比べて約33倍の差！

日本	フランス	ドイツ	英国	米国
43	54	56	132	1,429

出典：総務省「平成30年住宅・土地統計調査」を基に作成。

的な成長を後押ししてくれるんです。

渡辺 億単位って、めちゃめちゃすごいじゃないですか。

馬渕 そうなんですよ。アメリカはスタートアップ投資が盛んで、Uber EATS のようなどこでも通用するアイデアが生まれたときには明らかに成長の加速度が違うんですよね。これが日本でイノベーションが起こりづらい理由です。

渡辺 これから日本がビジネスで勝ち続けるためには、世界で通用するような創業者をたくさん生み出さないといけない。

馬渕 そのとおりです。ただ、スタートアップ資金をベンチャーキャピタルやエンジェル投資家から得られるのは一部に過ぎない。彼らの目に留まらない限り、いくら良いアイデアを持っていたとしても、何も地盤がない若い経営者は、事業が軌道に乗る前に資金不足に陥ってしまう。それはあまりにももったいなさ過ぎるんです。投資家からファイナンスを得て、経

営者が精力的に動ける世界観が大事です。

渡辺　そこで馬渕さんも社員として働いている「FUNDINNO」の
　　　ようなスタートアップ企業をクラウドファンディングで支援
　　　するサービスが求められているわけですね。

馬渕　はい。アイデアをもっているのに資金不足で悩んでいるスタ
　　　ートアップ経営者と、ベンチャーキャピタルやエンジェル投
　　　資家に限らず、スタートアップを応援したいと考えている一
　　　般の投資家たちをマッチングするサービスです。

渡辺　未来に投資する、応援するという意味でも、その応援を受け
　　　た経営者がアイデアを形にする原動力になるという意味でも、
　　　健全性が高く、今の時流に乗っている仕組みですね。近い将
　　　来、日本からも GAFA のような世界的企業が出てくる期待
　　　が膨らみ、とても楽しみですね。

▶中間管理職が活躍できる再雇用

渡辺　いま注目のスタートアップで、どのように雇用の流動化を活
　　　性化させていくんですか？

馬渕　「働かない層」と揶揄される中間管理職です。給料泥棒的な
　　　扱いを受けて何かと批判されがちですが、何だかんだで、こ
　　　こまで日本経済を支えてきた人材なんです。ちゃんと彼らが、
　　　もう一度誇りを持って働けるような環境をつくってあげるべ
　　　きなんですよ。
　　　彼らのノウハウやナレッジは、スタートアップ企業に転職し
　　　たらすばらしい財産になる、というケースを何度も現場で見
　　　てるんです。

渡辺　海外の企業に流れないように、ちゃんと日本で再雇用してあ
　　　げないといけない。

馬渕　そうです。受け皿としては、もちろん外国企業の再雇用も選

択肢の１つです。大企業に勤務していた人にとっては、スタートアップへの転職をキャリアダウンのように感じるかもしれない。でも、決してそんなことないことを知ってほしいですね。

日本経済を再生させるために立ち上がっているスタートアップ企業も多いので、そこに自分たちの活躍する場所があるのだと考えてほしい。

▶ 日本企業でも進む「ジョブ型雇用」

馬渕 あと、雇用の流動化においては「ジョブ型雇用」にも注目です。従来の日本企業は一括採用で、入社後に配属部署が決まる「メンバーシップ型雇用」が一般的でした。しかし、ジョブ型雇用は、その職務に適したスキルや仕事内容が求められます。能力やスキル重視となり、スキルがある人は給料も高くなります。

渡辺 労働生産性の向上や、中途採用や業界を跨いだ転職が活発になることが期待できますね。僕はローソン時代にバイヤーをしていましたが、同僚のなかには「バイヤーとしては優れているけど、管理職は苦手」という人材も少なくなかった。バイヤーはクリエイティブの能力が必要で、管理職はバランス型の能力が必要ですからね。

他の企業も悩ましい問題だったと思うんですよ。「この人はめちゃめちゃ仕事ができるけど、管理職は苦手。でも、管理職にしないと給料を上げられないから、彼のこれまでの仕事を評価して、管理職にして給料を上げてやろう」みたいな人事をしなくちゃいけない。これって、企業の労働生産性を考えたらマイナスなんですよね。

だから、ジョブ型雇用は大賛成。富士通、日立製作所、

KDDI など、すでにジョブ型雇用に取り組んでいる大企業も増えつつあります。

馬渕 政府もジョブ型雇用に意欲的な姿勢を示しています。2022年 10 月、岸田首相が臨時国会の所信表明演説で、「ジョブ型雇用への移行」と「リスキリング支援」を打ち出し、労働力流動化のガイドラインを作成予定とのことです。

渡辺 「リスキリング」も最近よく聞くワードです。

馬渕 リスキリングとは、技術革新やビジネスモデルを促進するために、働きながら新しい知識やスキルを学び直すことです。政府はリスキリング支援に「5 年間で 1 兆円」を投じる方針です。主にデジタル化に向けた人材を増やす狙いがあるようです。

渡辺 学びの場が少ない中小企業やベンチャーなどに支援が回るといいですよね。

POINT

◎日本企業がイノベーションを起こすためにはスタートアップ支援が重要。
◎ジョブ型雇用の推進で企業の労働生産性アップが期待できる。

働き方の多様化で増える
パラレルワーカー

☑ 複数の仕事をこなす「パラレルワーカー」が急増中。
☑ 単発バイトの「スポットワーカー」は 700 万人以上。

１つの企業だけに所属するのではなく、複数の仕事やキャリアを持ちながら働く「パラレルワーカー」。ランサーズ『新・フリーランス実態調査 2021-2022 年版』によれば、日本のフリーランス人口は 1577 万人で、そのうち正社員と副業をこなす「副業系」は 424 万人、雇用形態に関係なく 2 社以上の企業と仕事する「複業系」は 356 万人いるという。

▶ スキルを活かして複数企業で非正規勤務

馬渕　私が勤務しているスタートアップでは、50 代の女性が大活躍しています。しかも、彼女たちは業務委託で 8 〜 10 社を掛け持ちしているんですよ。

渡辺　非正規雇用の強みを最大限に活かしていますね。

馬渕　そうなんです。おそらく、安くても 1 社当たり月 20 万円くらいの給与だと思うので、「月 40 万円で正社員になってく

現在のフリーランス人口・経済規模

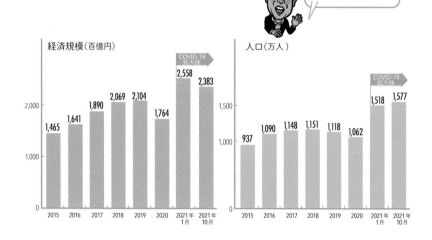

約5年強で、人口は640万人増、経済規模は9.2兆円増！

経済規模（百億円）

2015	2016	2017	2018	2019	2020	2021年1月	2021年10月
1,465	1,641	1,890	2,069	2,104	1,764	2,558	2,383

COVID-19拡大後

人口（万人）

2015	2016	2017	2018	2019	2020	2021年1月	2021年10月
937	1,090	1,148	1,151	1,118	1,062	1,518	1,577

COVID-19拡大後

出典：【ランサーズ】「新・フリーランス実態調査」（2021-2022年版）を基に作成。

ださい」とお願いされても当然受けないんですね。

渡辺 その会社としては倍の給与を提示しているけど、彼女にとっては大幅な収入減ですからね。

馬渕 しかも、複数の企業で働くことで知見を広めているから、どんどんスキルが上がっていく。

渡辺 彼女ほど高額ではありませんが、僕も似たような働き方をしています。複数の企業で顧問をする際、月20万円以上の報酬を得て売上・利益を出すスキームをつくる。結果が出たあとは、月10万円以下で仕事量に応じてライトな仕事をする。最初の半年〜1年に速攻で改善案を出すべくがっちり仕事をして……という働き方が理想です。そうすることで多くの企業とコミットできるから、企業同士をつなげるという提案もしやすくなるんですよね。

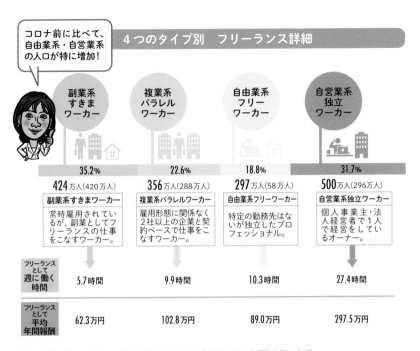

出典：【ランサーズ】「新・フリーランス実態調査」(2021-2022年版)を基に作成。

▶ パラレルワーカーとスポットワーカー

渡辺 複数の企業で同じ業務を行なうという働き方もあれば、異なる業務・異なる業界で働くスタイルもあります。僕や馬渕さんは後者の「パラレルワーカー」ですよね。

馬渕 そうですね。私は正社員と、自分の会社と、一般社団の理事をやっています。ただし「金融経済に関する仕事」という1つの柱があって、それ以外の仕事はしないと決めています。そうしないと「何でもやっちゃう人」になってブレてしまう気がするんですよ。

渡辺 僕も馬渕さんも、メディアで仕事をしている人と見られがちですが、実態は違うんですよね。ただし、僕は何でもやっちゃう人です（笑）。顧問やって、商品開発して、コンビニ大

手3社でバイトして、ラジオではパーソナリティしながらスポンサー営業も自分で探したり……。あとはテレビ番組を制作したこともありましたね。

馬渕 渡辺さんはご自身がもはやブランドだから、それでいいんですよ（笑）。

渡辺 ここ10年くらいで副業OKの会社が本当に増えたから、みんなも正社員しながらどんどん副業したらいいんですよ。163ページで「コンビニのスポットワーカー」に触れましたけど、コンビニ以外でもスポットワークはいくらでもありますからね。スポットワークには、短期雇用契約を結ぶ「単発バイト（スポットバイト）」と、雇用契約を結ばない「ギグワーク」に分類され、現在は700万人以上のスポットワーカーがいると言われています。

短時間正社員制度を利用して、副業で趣味に特化した業界でバイトしてみるとか、絶対楽しいですよ。人生の幅を広げ、リスクヘッジにもなりますからね。

 POINT

◎複数の企業で働くことで知見が広がり、スキルも高まる。
◎パラレルワークは、自分の仕事スキルや趣味の知識などを活かせる。

第 **5** 章

投資と生活

老後2000万円問題と資産づくりの重要性

☑ 老後30年間で必要な資金2000万円の真相。

☑ 日本人の資産は「預貯金53%、投資16%」で、預貯金の割合が非常に高い。

金融庁によれば、老後の無職夫婦の収支は月5万円以上赤字であり、30年間では約2000万円の資金が必要になるという。特に現役世代が公的年金の受給額に過度な期待ができないなか、老後の資金づくりの重要性が高まっている。

▶ 老後生活は毎月5万円以上の赤字!?

渡辺　ここ数年、よく耳にする老後2000万円問題。「老後に2000万円が不足する」という恐ろしい話ですが、そもそもどのような根拠で「2000万円」なのでしょう？

馬渕　2019年、金融庁の報告書『高齢社会における資産形成・管理』に記載されていた内容です。夫65歳以上・妻60歳以上の無職夫婦の収支は、収入が月約20万9000円であるのに対し、支出は月約26万4000円とのこと。つまり、毎月

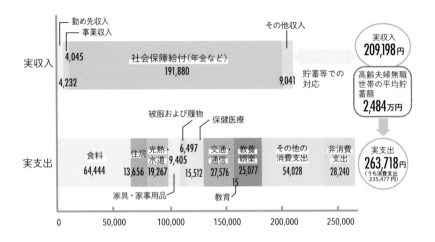

高齢夫婦無職世帯の収入・支出

※高齢夫婦無職世帯：夫65歳以上、妻60歳以上の夫婦のみの無職世帯
出典：総務省「家計調査」（2017年）を基に作成。

約5万5000円の赤字となり、1年ならば約66万円、そして30年後には約1980万円（＝約2000万円）が不足する……というわけです。

渡辺　支出の内訳を見ると「その他の消費支出」が5万4000円もあるんですね。やりくり次第で赤字はゼロにできそうだし、必ずしも不安に感じる必要はない気がするなぁ。

馬渕　老後の支出である月26万円を高いと感じる人もいるでしょうし、厚生年金に加入していた共働き世帯ならば、老後の収入は月26万円を上回るはずですからね。

しかし、公的年金が国民年金のみという自営業は受給額がもっと少ないでしょうし、人によっては医療費がかさむ恐れもあります。そして何よりも「人生100年時代」と言われる昨今です。ゆとりある老後生活を送るため、資産形成はとても大事です。

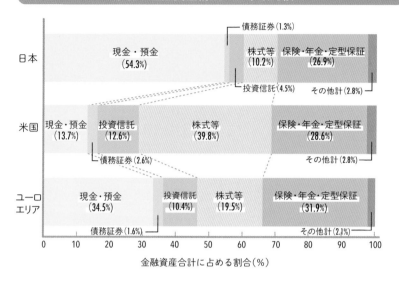

家計の金融資産構成の日米欧比較

日本
現金・預金（54.3%）
債務証券（1.3%）
株式等（10.2%）
投資信託（4.5%）
保険・年金・定型保証（26.9%）
その他計（2.8%）

米国
現金・預金（13.7%）
投資信託（12.6%）
株式等（39.8%）
保険・年金・定型保証（28.6%）
債務証券（2.6%）
その他計（2.8%）

ユーロエリア
現金・預金（34.5%）
投資信託（10.4%）
株式等（19.5%）
保険・年金・定型保証（31.9%）
債務証券（1.6%）
その他計（2.1%）

金融資産合計に占める割合（%）

※「その他計」は、金融資産合計から、「現金・預金」「債務証券」「投資信託」「株式等」「保険・年金・定型保証」を控除した残差。
出典：日本銀行「資金循環の日欧米比較」（2022年第1四半期）を基に作成。

▶ 資産置き場として「銀行」を好む日本人

渡辺 日本は欧米に比べて投資意識が低いと言われていますが、実際、どれほどの違いがあるんですか？

馬渕 家計における金融資産構成の日米欧比較は次の通りです。

【日本】　現金・預金……………………53.4％
　　　　　債務証券・投資信託・株式等…16.0％

【アメリカ】現金・預金……………………13.7％
　　　　　債務証券・投資信託・株式等…55.0％

【ユーロ圏】現金・預金……………………34.5％

債務証券・投資信託・株式等…31.5％

渡辺 これは歴然たる差ですね。特に日本とアメリカは、預貯金と投資の比率がほとんど逆じゃないですか。

馬渕 銀行を資産置き場の1つとして考えるのは決して悪いことではありません。とは言え、日本は預貯金の割合が高すぎますよね。

渡辺 もったいないですよね。銀行に預けたところで、メガバンクの定期預金の金利は 0.002％ですよ。

馬渕 高度経済成長期の銀行は、元本保証で普通預金が金利4％超、定期預金では7％超という高金利でした。投資なんかしなくても、銀行に預ければ「安全に確実に資産が増える」という状況だったんです。上の世代を中心に預貯金主義が根付いてしまったのかもしれませんね。

▶国の借金は大丈夫？

渡辺 寝かされている資産を有効活用するため、投資による資産運用は絶対にしたほうがいい。ただ、政府が国民に資産運用を進める理由の1つは、確実に年金問題ですよね。国が支払う余裕がないから、自分たちでも頑張ってくれ！……という。いったい、政府の懐事情はどうなってるんでしょうか。ほら、2022 年の夏もニュースで騒がれたじゃないですか。国の借金が 1200 兆円を超えて「国民1人当たりの借金が初めて 1000 万円を超えた」とか。

馬渕 それに関しては、ぜひ見ていただきたい図があります。日銀が四半期ごとに発表している資金循環のなかに「部門別の金融資産・負債残高」というものがあります。こちら、とても優れた図解でして、政府や企業、国民などの「資産と負債」

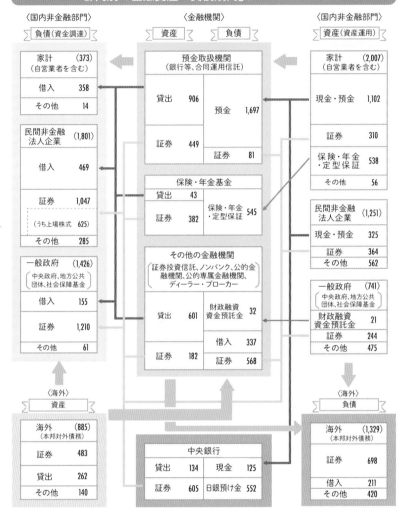

国の資産と負債がひと目でわかる
「部門別の金融資産・負債残高」(2022年6月末、兆円)

〈国内非金融部門〉
負債(資金調達)

家計　(373)	
（自営業者を含む）	
借入	358
その他	14

民間非金融法人企業　(1,801)	
借入	469
証券	1,047
（うち上場株式　625）	
その他	285

一般政府　(1,426)	
中央政府、地方公共団体、社会保障基金	
借入	155
証券	1,210
その他	61

〈金融機関〉
資産　負債

預金取扱機関		
（銀行等、合同運用信託）		
貸出	906	預金　1,697
証券	449	証券　81

保険・年金基金		
貸出	43	保険・年金・定型保証　545
証券	382	

その他の金融機関		
証券投資信託、ノンバンク、公的金融機関、公的専属金融機関、ディーラー・ブローカー		
貸出	601	財政融資資金預託金　32
		借入　337
証券	182	証券　568

〈国内非金融部門〉
資産(資金運用)

家計　(2,007)	
（自営業者を含む）	
現金・預金	1,102
証券	310
保険・年金・定型保証	538
その他	56

民間非金融法人企業　(1,251)	
現金・預金	325
証券	364
その他	562

一般政府　(741)	
中央政府、地方公共団体、社会保障基金	
財政融資資金預託金	21
証券	244
その他	475

〈海外〉
資産

海外　(885)	
（本邦対外債務）	
証券	483
貸出	262
その他	140

中央銀行		
貸出	134	現金　125
証券	605	日銀預け金　552

〈海外〉
負債

海外　(1,329)	
（本邦対外債務）	
証券	698
借入	211
その他	420

(注1)主要部門、主要項目を抜粋して資金循環のイメージを示している。
(注2)貸出（借入）には、「日銀貸出金」「コール・手形」「民間金融機関貸出」「公的金融機関貸出」「非金融部門貸出金」「割賦債権」「現先・債券貸借取引」が含まれる。
(注3)証券には、「株式等・投資信託受益証券」および「債務証券」（「国債・財投債」「金融債」「事業債」「信託受益権」等）が含まれる(本邦対外債権のうち証券については、「対外証券投資」)。
(注4)その他には、合計と他の表示項目の差額を計上している。
出典：日本銀行「資金循環統計(速報・2022年第2四半期)」

が記されています。日本経済の重要な数字が、この1枚にまとまっているんですよ。

渡辺　こんな図解があったんですか！

馬渕　右に資産、左に負債が表示されていて、たとえば「家計」は資産2007兆円に対し、負債373兆円であることがわかります。

渡辺　家計とは、国民の資産のことですよね。

馬渕　そうですね。法人化していない自営業も含まれています。そして「一般政府」では、負債が1426兆円あることがわかります。しばしばニュースで報じられる国の借金は、左の「負債」にある「一般政府」のなかから、国債等を抽出した金額です。ただ、これに対して政府の資産も741兆円あるんです。

渡辺　負債1426兆円に対して資産741兆円という状況は、良いんですか？　悪いんですか？

馬渕　国が破綻するかどうかは、バランスシートとは別の話で、経常収支で考えるんですよ。日本は経常収支黒字の国であり、なおかつ政府が発行する負債も円建てで債務不履行に陥るリスクもないので、国の破綻を心配する必要はまったくありません。だから、負債1400兆円・資産700兆円という現状のバランスならば大丈夫です。

渡辺　もしも資産が700兆円のままで、負債が3000兆円くらいになるとどうですか？

馬渕　企業経営と一緒で、バランスシートが歪んでいるので、あまりよくないですよね。たとえば、国債は国内に向けて発行しますが、増えれば増えるほど、海外の国や企業が保有するケースも目立つようになります。そうなると、海外の通貨の影響を受ける可能性があり、債権の価値が落ちてしまう。だから、資産と負債のバランスが大きく崩れるのは避けたいところです。

渡辺　じゃあ、今のところは国の負債もそれほど気にしなくていい
　　　んですね。

馬渕　そもそも「政府の負債」と「国民の負債」は別物ですからね。
　　　政府の負債を「国民1人当たり」で計算して発表する意味
　　　はまったくないんですよ。

渡辺　じゃあ、なんでマスコミはそんな報じ方をするんですか？
　　　国から「やれ」って言われてるんですか？

馬渕　財務省の論調をそのまま報じている、という感じでしょうか。
　　　「大変だよ」と思わせたほうが「消費税増税もやむなし」と
　　　いう風潮をつくりやすいですからね。

渡辺　そういうことか……。

 POINT

◎人生100年時代と言われるなか、ゆとりある老後生活に向けた資産づ
　くりが重要。
◎銀行に預けていても、今の銀行金利では資産は増えない。預貯金主
　義を改め、前向きに投資を検討してみよう。
◎「国の借金」をあおる報道は、「増税」しやすい空気をつくる財務省の
　仕掛けでもあるので、消費者としては冷静に判断すべき。

投資の種類を理解する

☑️「貯蓄」は自由に引き出せる流動性の高い資産、「投資」
は中長期的な視点で増やすための資産。

☑️ 金融商品によって、リスク&リターンが違う。

資産形成には「貯蓄」と「投資」の2種類がある。一般
的に、貯蓄はすぐに使うことができる流動性の高い資産
で、銀行の普通預金などが該当する。一方、投資は中長
期的な目線で増やすための資産で、株式や投資信託など
の購入が該当する。

▶️ ETFと投資信託って何が違う？

渡辺 「投資で資産を増やしましょう」と言われても、いざ始める
となると、何に投資したらいいのか迷います。やはりここは、
専門家である馬渕さんにご教授願いたいと思います。

馬渕 投資にはさまざまな種類がありますが、次ページの表をもと
に解説していきましょう。この表は投資のリスクとリターン
の関係を示した散布図で、ご覧のとおり、リスクとリターン
は比例関係にあります。

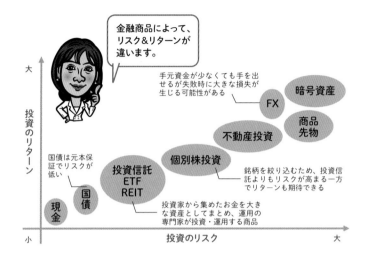

金融商品によって、リスク＆リターンが違います。

手元資金が少なくても手を出せるが失敗時に大きな損失が生じる可能性がある

暗号資産

FX

商品先物

不動産投資

個別株投資

銘柄を絞り込むため、投資信託よりもリスクが高まる一方でリターンも期待できる

投資信託
ETF
REIT

国債は元本保証でリスクが低い

現金

国債

投資家から集めたお金を大きな資産としてまとめ、運用の専門家が投資・運用する商品

投資のリターン 大　小

投資のリスク 小　大

出典：一般社団法人日本金融経済研究所の資料を基に作成。

　　リスク＆リターンの小さいものから順に紹介していくと、国債、投資信託・ETF・REIT、個別株式、不動産、FX、商品先物（穀物、原油など）……と続き、最後に暗号資産（仮想通貨）といった感じです。これから投資を始める人は、国債、投資信託、ETF、REIT、個別株式あたりのゾーンを狙うといいでしょう。

渡辺　リスクとリターンのバランスを考慮した場合、特に馬渕さんがオススメする投資は何でしょう？

馬渕　私はETFだと思います。

渡辺　ETFって投資信託と何が違うんですか？

馬渕　ETFは「Exchange Traded Fund」の略で「証券取引所で取引される投資信託」のことです。日本語では「上場投資信託」と呼ばれ、証券取引所に上場されている投資信託です。

渡辺　通常の投資信託よりもETFを勧める理由は何ですか？

投資信託と ETF の違い

	投資信託	ETF
上場・非上場	非上場	上場
価格・取引	1日1回	リアルタイム
購入時コスト	手数料	手数料
購入場所	証券会社、銀行、郵便局	証券会社を通じて、市場で指値／成行注文で購入
保有コスト （信託報酬）	一般的にETFより高い。 目安は年に0.5~2.5%	一般的に投資信託より安い。 0.25%
売却コスト	信託財産留保額や換金手数料がかかることがある。	売買委託手数料。
	つみたてNISA対象商品のほとんどが投信	

出典：一般社団法人日本金融経済研究所の資料を基に作成。

馬渕 一番のメリットは手数料です。投資信託と ETF、どちらも保有コスト（信託報酬）という手数料が発生しますが、一般的に、投資信託の年率は 0.5 〜 2.5％で、ETF は 0.25％です。

渡辺 2.5％の投資信託だった場合、手数料が 10 倍も違うんですね。というか 2.5％って高くないですか？

馬渕 そもそも 3％の利回りが出るような商品がすごいですからね。頑張って 3％利回りの商品を探して投資しても、手数料で 2.5％引かれたら利益のほとんどを取られてしまうんです。

渡辺 その 2.5％って、毎年かかるんですよね？

馬渕 毎年かかります。長期の資産形成では、信託報酬によって利益に大きな差が生まれるので、手数料の低い ETF をオススメします。

	一般 NISA	つみたて NISA	iDeCo
iDeCoとNISAの違い			
年間投資上限額	5年間年間上限120万円（5年間で計600万円）	年間40万円	14.4万円〜81.6万円※職業、加入している年金の制度により異なる。
運用できる商品	**個別株式・投資信託・ETF**	**投資信託・ETF など**（金融庁が認めた投資適格商品）	**預貯金・投資信託・保険商品**
税制優遇	最長5年間運用益が非課税	最長20年運用益が非課税	60歳まで※運用は70歳まで運用益が非課税掛け金を所得控除できる受け取り時に年金控除ができる
投資商品の売却	いつでもOK※ただし、非課税枠は使い切りで復活しない。	いつでもOK※ただし、非課税枠は使い切りで復活しない。	いつでもOK※他の商品へ乗り換え可能。ただし、資金の引き出しは60歳以降。
資金の引き出し	いつでもOK	いつでもOK	60歳まで原則不可能

※一般 NISA とつみたて NISA は2022年12月現在の内容。2024年1月以降、両 NISA ともに税制優遇の非課税期間は無期限となる。また、投資上限額は一般型が年間240万円、つみたて型は年間120万円に拡大されるほか、生涯の非課税限度額も一般型・つみたて型と合わせて1800万円に拡大される。

出典：一般社団法人日本金融経済研究所の資料を基に作成。

▶NISA制度の拡充

渡辺 初心者が投資を行なうならば、非課税の iDeCo や NISA を利用するほうがいいですか？

馬渕 そうですね。ただし、iDeCo では ETF を扱っていないので、ETF に興味を持った方は NISA（一般 NISA）や「つみたてNISA」を利用するといいでしょう。

渡辺 そう言えば、2022年11月25日に政府が NISA 制度の拡充を発表しましたね。

馬渕 かねてから「NISA 拡充」の議論は進められていましたが、「資産所得倍増プラン」に盛り込まれました。

政府の目標としては、5年間で NISA（一般・つみたて）の総口座数を現在の1700万から3400万に、また NISA 買付

額を現在の28兆円から56兆円へと倍増させるとのことです。

渡辺　税制優遇や年間投資上限額も変わるんですか？

馬渕　投資可能期間を恒久化し、非課税期間を無期限にするほか、年間投資上限額も拡大を目指しています。

馬渕　2022年12月16日に決定した税制改正大綱では、新しいNISA制度が発表されました。2024年1月以降の新制度では、一般型（「成長投資枠」に改称）とつみたて型の併用が可能となり、投資可能期間が恒久化、非課税期間が無期限になります。また、生涯の非課税投資額も従来の一般型600万円・つみたて型800万円から合計1800万円へと拡大されます。

渡辺　より資産形成しやすい制度になるなら、ぜひとも活用したいですね。

POINT

◎投資のリスクとリターンは比例関係にある。

◎初心者には手数料が低いETF投資がオススメ。

◎制度拡充予定のNISAやiDeCoを活用して資産形成する。

株式投資で覚えておきたい個別銘柄の特徴

☑日本人の投資で最も多いのが「株式投資」。

☑投資先選びの基準は、最終的には自分ルールを持つ。

日銀「家計の金融資産構成」によれば、債務証券1.3%、投資信託4.5%、株式等10.2%であり、日本人の投資で最も多いのが株式投資だ。しかし、投資初心者が個別銘柄を購入する際、どのような基準で選べばいいのかわからないケースも多いだろう。成長性や安定性など、値動きに一定の特徴を持つ銘柄があるので、まずはそうした特徴を押さえ、銘柄選びの参考のひとつにしたい。

▶ 「グロース株」と「バリュー株」

渡辺　株式投資の個別銘柄って、何か独特なグループで呼ばれたりしませんか？

馬渕　独特なグループですか？

渡辺　株価が上がりそうな株を「ナントカ株」とか呼んだり……。

馬渕　「グロース株」などの呼称のことですか？

渡辺　それです！　そういう基本的な呼称を教えてほしいんですよ。

バリュー株とグロース株の比較

	売上の伸び率	利益の成長率
バリュー株	低い	低い
グロース株	高い	高い

短期的な戦略なら「グロース株」、中長期的な戦略なら「バリュー株」。

出典：一般社団法人日本金融経済研究所の資料を基に作成。

馬渕 では、まずは「グロース株」から説明しましょう。グロース株とは、成長性があって将来的に株価が上がりそうな企業の株です。「成長株」とも呼ばれ、アメリカのGAFAなどは大型グロース株の代表です。

一方、グロース株とよく比較されるのが「バリュー株（割安株）」です。これは、その企業の本来の価値と比べて割安に放置されている株ですね。たとえば、最近では銀行業や鉄鋼業やインフラ系などが該当し、割安ではあるものの、株価が上がっても数倍にはなりづらい企業体や業種です。

渡辺 バリュー株は安定的なんですか？

馬渕 安定してますね。ただ、最近（2022年後半以降）は株式市場全体の値動きが大きいので、一概に「バリュー株の株価は大きくならない」とは言えない状態です。

渡辺 グロース株とバリュー株、どちらがいいんですか？

馬渕　それは永遠のテーマなんですよ。今はバリュー株だ、いやいや次はグロース株のほうが強い……という論争が頻繁に起きているんです。そもそも株式市場は資金がグルグル動くので、「バリュー株にドーンと資金が入る時期が過ぎれば、次はグロース株に資金が入る」という循環を繰り返していることを知っておいてほしいですね。

渡辺　どちらがオススメかは、サイクルで変わるんですね。

馬渕　そうなりますね。一応、「短期で値幅による売却益」を得たい人はグロース株、「長期保有で配当金」を得たい人はバリュー株……という違いはあると思います。

渡辺　慣れないうちは、短期で売買するよりも中長期で保有するほうが向いてそうですね。

馬渕　そうですね。長期向けの銘柄はバリュー株以外にも「ディフェンシブ株」があります。

渡辺　名前からして安定感がありそうですね。

馬渕　「内需株」とも呼ばれ、景気動向に業績が左右されにくい銘柄です。生活必需品である食品や衣料品、あとは社会インフラである電力、ガス、通信、鉄道などは不景気になっても絶対に使うじゃないですか。

渡辺　そうですね。でも、鉄道はコロナの影響を大きく受けました。

馬渕　そうなんですよ。コロナによって、既存の概念を覆すことが起きました。あとは、2022年は値上げが相次ぎましたが、興味深いことに食品株は好調だったんです。日清食品、味の素、キッコーマン、jオイルミルズ、伊藤園など、値上げしたにもかかわらず、堅調な値動きでした。

渡辺　シェアが高いメーカーが多いですね。そのブランドの根強い固定客が多いからかもしれません。あとは、その銘柄がどうというよりも、時世的な消費者心理が働いていそうです。

馬渕　まさに渡辺さんのおっしゃるとおりで、現在（2022年後半）

はアメリカの利上げによって株価が軟調に推移しています。このため「景気が後退するのでは？」という不安感が漂っているんです。結果、「なるべく堅い銘柄を探そう」という思考が働き、自然とディフェンシブ株に資金が向かっているんですね。バフェットさんの考え方も、まさにコレです。

渡辺　バフェットさんって誰ですか？

馬渕　「投資の神様」と呼ばれるアメリカの投資家ウォーレン・バフェット氏です。割安の銘柄を保有しておき、長期的に投資することでリターンを得るというスタンスです。堅い銘柄のなかには高配当な銘柄もあるので、これらを長期で保有する。中長期的に運用したい人は、ぜひバフェットさんの手法を参考にしてください。

▶ 気温とともに株価も上がる「サマーストック」

馬渕　あとは季節に左右される銘柄もあります。代表的なのは、気温の上昇に伴って売上高が伸びる「サマーストック（夏の株）」です。ビールやエアコンのメーカー、虫除けやレジャー関連などの銘柄に注目が集まります。ただし、冷夏の年は売上が伸び悩むので、売り圧力が高まってしまいます。

渡辺　コロナ禍でふと気が付いたんですが、最近は殺虫剤や防虫剤などを扱うメーカーって疫病でも値動きありそうですよね。虫が媒介する伝染病ってあるじゃないですか。だから、中長期的に保有するのがいいのかなと思いました。

馬渕　おっしゃるとおりです。実際に「外来種の虫が日本に上陸しました」などのニュースが報じられると、殺虫剤・防虫剤のメーカーの株価が急に上がることも多いです。これはサマーストックとは別の例ですけどね。他にも、レジャーならば航空会社や旅行会社、冷房が効いた施設もサマーストックに含

まれますね。

渡辺　プールもサマーストックですか？

馬渕　そうですね。連想ゲームのように、いろいろな銘柄にサマーストックは発展します。

渡辺　個人消費に近いので、一般消費者も目を付けやすそうです。

馬渕　そうなんですよ。個人消費に絡む値動きをするので、初心者でも探しやすいと思います。

渡辺　サマーストックはいつ頃から保有すればいいんですか？　夏が到来しちゃったら、すでに株価が上がってますよね？

馬渕　5〜6月頃に仕込むのがいいと思います。毎年、夏前に「今年は猛暑になりそうです」などの予想が出るじゃないですか。そうした気象情報を参考にするといいでしょう。

　　　他にも、冬場は寒さに関連した銘柄、年末商戦に関連しそうな銘柄など、実際に保有するかどうかは別として、季節・イベントなどに注目しながら値動きを見てみるとおもしろいですよ。

 POINT

◎短期的な視点で売却益を狙うなら「グロース株」、中長期的な視点で配当金を狙うなら「バリュー株」。

◎生活必需品や社会インフラ関連の銘柄「ディフェンシブ株」は、景気の影響を受けにくい。

◎気温の上昇に伴って売上高が伸びる銘柄「サマーストック」をはじめ、季節やイベントに関連した銘柄にも注目。

◎株式投資を始めると、経済ニュースをこまめにチェックする機会が生まれる。

SDGs の普及で注目を集める ESG 投資

☑ESG に対する世界全体の投資額は、2015 年の 662 億ドルから 2021 年には 9281 億ドルとなり、急速に市場が拡大している。

☑SDGs と ESG とは別。それぞれのキーワードを理解しよう。

SDGs の普及に伴い、金融業界で注目を集めている ESG 投資。「環境」や「社会」など、似たようなキーワードが使用されるために混同しやすいが、SDGs と ESG は別の文脈で語られる言葉だ。両者の違いを知り、新しい投資である ESG の理解を深めよう。

▶ESGを理解するための4つのワード

馬渕　近年、金融業界では「ESG」への投資が目立っています。

渡辺　ESG……。聞いたことはありますが、いまいち概要がわかりづらいワードです。

馬渕　ESG を理解する上で「SDGs」「DX」「SX」についても触れる必要があるので、これらの言葉の定義を1つずつ説明し

SDGs (Sustainable Development Goals)	ESG
◎2015年9月の国連サミットにおいて採択された国連の「持続可能な開発目標」。 ◎具体的な17の目標(貧困をなくそう、飢餓をゼロに、ジェンダー平等、気候変動への具体的な対策など)に、政府や行政も含めた日本全体で取り組んでいくもの。	◎「環境(Environment)」「社会(Social)」「ガバナンス(企業統治:Governance)」の頭文字を合わせた言葉。 ◎投資家目線のキーワード。 ◎資産運用・金融の文脈で使われる。

どちらも環境問題や社会問題を改善・解決するために必要!

出典：一般社団法人日本金融経済研究所の資料を基に作成。

ていきましょう。

渡辺 お願いします。

馬渕 まずSDGs（Sustainable Development Goals）とは、2015年9月の国連サミットで採択された、国連の「持続可能な開発目標」のことです。

「①貧困をなくそう」
「②飢餓をゼロに」
「③すべての人に健康と福祉を」

など、17の目標を掲げ、政府や行政を含めた国全体で取り組んでいくものです。

渡辺 ここ数年、メディアでも取り上げられる機会が増えたので、SDGsの認知度は高まっていますね。

DXとSXの違い	
DX （デジタル・トランスフォーメーション）	**SX** （サステナビリティ・トランスフォーメーション）
◎デジタル技術を導入することで人々の生活をより良いものへと変革すること。 ◎既存の価値観や枠組みを根底から覆すような革新的なイノベーションをもたらすもの。	◎不確実性が高まる環境下で、企業が「持続可能性」を重視し、企業の稼ぐ力とESG（環境・社会・ガバナンス）の両立を図り、経営の在り方や投資家との対話の在り方を変革するための戦略指針。

出典：一般社団法人日本金融経済研究所の資料を基に作成。

馬渕 一方、ESG は「環境（Environment）」「社会（Social）」「ガバナンス（Governance ／企業統治）」の頭文字を合わせた言葉です。

SDGs と同じく、環境問題や社会問題の改善・解決を意味しますが、一番の違いは ESG が「投資家目線」であること。従来の財務情報だけでなく、環境・社会・ガバナンスの要素も考慮して投資することが ESG 投資です。つまり、金融や資産運用の文脈で使用される言葉なんですね。

渡辺 SDGs は国際目標で、ESG は投資……。なるほど。

馬渕 続いて、DX（デジタル・トランスフォーメーション）とは、デジタル技術を導入することで、人々の生活をより良いものへと変革することです。「既存の価値観や枠組みを根底からクズようなイノベーション」と言われていますが、現場ではそこまで大きな変革でなくても DX でいいんじゃないか、と

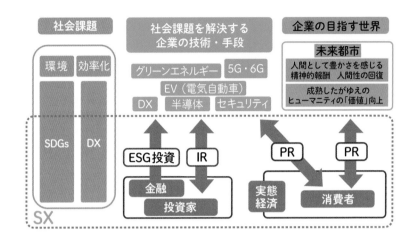

いう雰囲気です。

渡辺 単純に企業がITを導入するだけでも「DX化」と言われたりしますからね。

馬渕 そうですよね。そして、最後がSX（サステナビリティ・トランスフォーメーション）。

こちらは経済産業省が新たに提案する言葉で、同省では「社会のサステナビリティと企業のサステナビリティを『同期化』させていくこと、及びそのために必要な経営・事業変革（トランスフォーメーション）」などと定義されています。

渡辺 ちょっとわかりづらいですね。

馬渕 そうですよね。ちょっとフワッとした概念なのですが、私なりの解釈で説明します。

「企業がどのような考え方を持ち、どのような経営をしているのかについて、ちゃんと投資家と対話しましょう。そのた

めに、投資家に向けたメッセージやコミュニケーションの仕方も工夫していきましょうね」

という内容だと理解しています。

渡辺　わかりやすい！

▶ 社会課題にまつわるESG周辺の関係

馬渕　さて、以上を踏まえて、私が作成したSDGs、ESG、DX、SXの関係図がありますので、それをご覧ください（前ページ）。

1つずつ解説していきますと、まず世の中には私たちが解決すべき「社会課題」が2軸あります。

渡辺　左の「環境」と「効率化」ですね。

馬渕　そうです。この2軸の課題に対応するものが、環境においてはSDGsで、効率化においてはDXです。

続きまして、上の中央「社会課題を解決する企業の技術・手段」は企業のゾーン。グリーンエネルギーやEVなどを用いて企業経営していくというリアルな企業の姿です。

さらにその先、「企業の目指す世界」が右上の赤のゾーンです。人間が人間らしく満足できるサービスを、今後どのように示していくのか。未来について考えている企業は多いのですが、GAFAを含めてまだ明確に示している企業はないと思います。

未来は、人間が人間として満足できるサービスを提供していく企業が勝ち残っていくと認識しています。

渡辺　生活満足度が一定に達してしまった先進国の人々にとって、新たな目標がSDGsだ、という話もありましたよね（67ページ）。

馬渕　経済的豊かさを手に入れた人類が、次に欲するのは「人間性

の回復」とされていますからね。SDGs の取り組みは、人間
性の回復そのものと言えます。

そして、こうした取り組みをしている企業に対して、金融業
界からお金を出すのが ESG です。

資金を調達するため、企業が投資家や株主たちに向けて行な
うコミュニケーションが IR（インベスター・リレーション
ズ）です。

ただ、世の中は、企業と金融業界だけで完結するわけではな
く、消費者にも届いて初めて成立します。ですから、企業は
消費者に対しても積極的にコミュニケーションをとる必要が
あり、その手段が PR（パブリック・リレーションズ）です。
近年は「環境を意識した製品をつくっているか」など、消費
者の意識も高まりつつあるので、これまで以上に PR も重要
になっていると感じます。

こうした一連の「企業と投資家」「企業と消費者」のコミュ
ニケーションすべてが SX なんです。

渡辺　4 つのワードのうち、まだ「SX」は浸透してないですよね？

馬渕　まったく浸透していませんね。もともとの SX の文脈は、上
場企業と投資家とのコミュニケーションの範囲で終わってい
るんです。「企業と消費者とのコミュニケーションも SX」と
いう考えは、私の拡大解釈です。

渡辺　馬渕さん独自の解釈だったんですか。

馬渕　そうです。でも、この解釈は経産省の人も一緒に登壇する場
でお伝えしていまして、しっかりと経産省からも「おっしゃ
るとおりです」とのお墨付きをいただいている内容です。

渡辺　すばらしい！　商品単体ではなく「この企業が好きだから、
この企業の製品を購入して応援する」という消費行動は、昔
から存在しています。

今後は、その応援の動機として「社会課題に取り組んでいる

か否か」も増えてくるんでしょうね。

馬渕　SNS などを通じて、企業と消費者の距離も縮まっています
からね。

 POINT

◎ESG 投資は、従来の財務情報だけでなく「環境・社会・ガバナンス」
の要素も考慮した投資。

◎SX は「企業と投資家」だけでなく「企業と消費者」のコミュニケーシ
ョンも含まれる。

◎消費者として、どの企業を、どの商品を応援したいか、購入したいかが、
より明確になってくる時代が到来。

TOPIC

36

日経平均株価は
どう見たらいい？

- ☑ 2022年の日経平均株価（11月末時点）は、最高値2万9222円（8月17日）、最安値は2万4681円（3月9日）。
- ☑ 株式投資をやっていなくても、消費者として役立つ読み方がある。

日本経済新聞社が算出している日経平均株価。日本の株式市場の代表的な株価指数であり、金融業界や個人投資家たちの注目度は高い。2021年の年末終値は2万8791円で、年末終値としては史上最高値の1989年以来、32年振りの高水準。2022年は前年に比べてやや値が下がることもあるが、総じて高水準を維持している。

▶ 日経平均は未来を映す先行指標

渡辺 投資家にとって日経平均株価はとても重要な指数だと思います。ただ、株に関心のない人たちにとっては、日経平均すらも他人事かもしれません。

馬渕 決して他人事ではないんですよね。というのも、日経平均や個別銘柄の株価は「先行指標」だからです。言うなれば「未

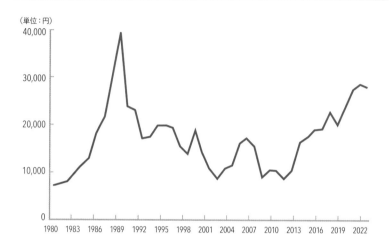

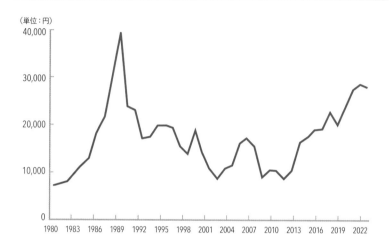

日経平均株価の推移（1980〜2022年）

（単位：円）

来を映す指標」なんですよ。

コロナ禍で多くの企業や消費者がダメージを受けるなか、実は株価はめちゃめちゃ上がっていたんです。日本で新型コロナウイルスの感染者が確認されたのは 2020 年 1 月です。当初こそ日経平均が下がり、同 3 月には 2 万円を切りましたが、その後は上昇に転じ、2021 年には 3 万円を突破した時期もありました。

これこそ、まさに「実態と株価の乖離」が起きていた時期と言えますが、日経平均の株価は、おおむね「半年から 1 年先の経済状況を映している」と認識してください。

渡辺 そもそも、どうして日経平均は先行指指標になるんですか？

馬渕 株価自体がそういうものだからです。サマーストック（197ページ）でも話したとおり、「業績が伸びそうだな」と判断されれば、買い圧力が強くなって株価は上昇しますよね。

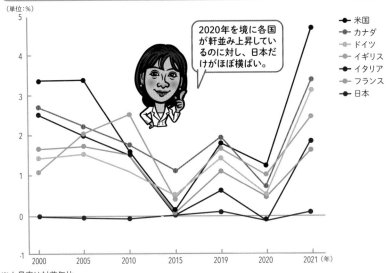

G7の消費者物価上昇率の推移（OECD統計）

（単位：%）

2020年を境に各国が軒並み上昇しているのに対し、日本だけがほぼ横ばい。

凡例：
米国
カナダ
ドイツ
イギリス
イタリア
フランス
日本

2000　2005　2010　2015　2019　2020　2021（年）

※上昇率は対前年比。
資料：GLOBAL NOTE　出典：OECD

渡辺 新しい技術が開発されたり、新商品の売れ行きが想像以上に好調だったり、そういった情報を聞けば、「この先も業績が伸びそうだ」と判断できるわけですね。つまり、上場企業のなかでも代表的な225銘柄の株価から算出される日経平均は、日本経済を先読みする上で大切な数値なんですね。

馬渕 そのとおりです。コロナ禍で株価が上昇したのも、単なる希望的観測ではなく、政策や経済再開を織り込まれています。繰り返しますが、株価自体が先行指標なので、個別銘柄も同様です。2022年秋に外国人観光客の受け入れが再開され、ニュースでも各地に外国人観光客が戻りつつある様子が報じられていましたよね。でも、これに先んじて、インバウンド関連の銘柄の株価が上がっていましたからね。

渡辺 おもしろいですね。気になる業界・企業の株価を調べると、半年や1年後にどうなっているのか、おぼろげながらも予

想できたりするわけなんですね。

馬渕 一方、「遅行指数」の代表的存在は CPI（消費者物価指数）です。過去と比較して今月は物価がこれだけ高くなりましたよ、安くなりましたよ、などの動きを把握する指数なので、過去の数字なんですよね。

渡辺 では、日経平均の推移と CPI の推移を重ねたら、日経平均が CPI の動きを追いかけるような図になりますか？

馬渕 日本の CPI は 1990 年代後半からずっと横ばいだったんですよね。2022 年に入り、エネルギー問題や円安の影響で CPI が上がりましたが、日経平均との影響はあまり見られないですね。どちらかと言えば、日経平均はアメリカの CPI の影響を受けることが多いですね。

渡辺 なんですか!?

馬渕 2022 年 6 月、アメリカの CPI が前年比 9.1％の上昇を記録したあとに、ニューヨークのダウ平均株価が急落したんですよ。ダウ平均は世界の市場に影響を与えるので、日経平均も一時的に下がっちゃったんですよ。

渡辺 なるほど。では、日経平均と関連して見るならば、日本の CPI よりもアメリカの CPI を見たほうがいいんですね。

馬渕 そうなりますね。

POINT

◎日経平均は先行指標。半年から 1 年後の未来を映している。
◎日経平均は、アメリカの CPI の影響を受けることがある。

債券と金利の関係

☑債券投資はローリスク・ローリターンが基本。
☑日本政府の歳入の約 34.3%は、債券で賄われている。

数ある投資のなかでもローリスクで運用できる債券。国
や地方自治体などが発行する「公社債」と、民間事業会
社などが発行する「民間債」、発行体が海外の「外債」
などに分類される。日本の令和 4 年度の一般会計歳入
107 兆円のうち、公債金は約 37 兆円。歳入の 34.3%が
日本国債などの債権で賄われている。

▶ 元本保証で年1回の利息も！

馬渕　債券と金利の関係について説明したいと思いますが、まずは
　　　「債券とは何か？」の説明からしましょう。債券とは、国・
　　　地方自治体・金融機関・企業などが発行する有価証券のこと
　　　です。株とは異なり、債券を保有することで毎年配当金のよ
　　　うな「利息」が得られるのが特徴です。

渡辺　金利が 1％ならば、保有する債券価格の 1％の利息が得られ
　　　るんですね。

発行体による主要な債券の区分

円建て債券

公社債	国債	個人向け国債	個人に限定、固定金利型（3年・5年）と変動金利型（10年）がある。金利が低下している局面でも、0.05%（年率）の最低金利保証がある。
		利付国債	年2回、半年ごとに利子が支払われる国債。中期（2年・5年）や長期（10年）、超長期（20～40年）など、さまざまな期間がある。
	地方債	公募地方債	都道府県や市町村など、地方自治体などが発行する債券。
	政府関係機関債	政府保証債	政府機関による発行で、元本、利払いを政府が保証している債券。
民間債	社債	一般事業債	事業会社が資金調達のために発行する債券。一般的には、国債よりも利回りが高いのが特徴。
		転換社債	設定された株価に値上がりすると株式に転換できる権利が付いた社債。
		ワラント社債	債券に新株購入が可能な価格（行使価格）が設定されており、その価格を超えると有利な条件で株式を取得できる権利のある社債。
外債	サムライ債		外国の発行体が円建てで発行する債券。元本、利払いは円で行なわれるため、為替リスクは発生しない。
	ユーロ円債		海外市場で発行される円建ての債券。元本、利払いは円で行なわれるため、為替リスクは発生しない。

外貨建て債券

国際機関債、外国国債、民間債	買い付けや償還、利払いが外貨建てで行なわれる債券。利回りが有利な場合が多いが、為替変動リスクを伴う。

仕組債

債券とデリバティブ取引を組み合わせたもので、為替レートや株価指数などを条件として、利率や償還額が変動する債券。主に海外で発行され、日本国内では外国債券に区分されて販売されている。

出典：岡三証券HPの資料を基に作成。

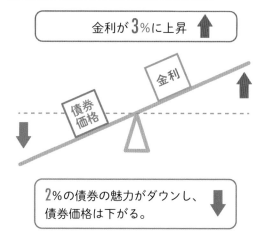

債券価格と金利の関係

（例）金利2%の債券があり、債券の金利が3%上がったら……

金利が**3**%に上昇

金利

債券
価格

2%の債券の魅力がダウンし、債券価格は下がる。

馬渕 そうです。保有する期限があり、基本的に満期になれば購入時の金額がそのまま返ってきます。いわゆる「元本確保型」の金融商品です。投資した金融商品の満期時に、元本を確保できるような仕組みで、元本保証とは異なるのですが……。

渡辺 いいですね、元本確保型！　大好きな言葉です。株なんて簡単に元本割れしちゃいますからね。

馬渕 株は価格が変動するし、配当を出している企業もありますが、必ずしも配当を出し続けるとは限りません。配当金が減ることもあるし、無配になってしまうこともあります。

渡辺 資産に余裕がある人は債券がいいですかね？

馬渕 おっしゃるとおりです。富裕層はやっぱり債券を買うんですよね。たとえ利回りが少なかったとしても、その分まとまったお金を投資すれば、長期間一定の利息を受け取れます。資産形成する上で、とても計算しやすい投資です。

渡辺　なぜ、債券はこんなにもリスクが抑えられるんですか？

馬渕　国や地方自治体が資金調達するために発行するので、信頼度が高いんですよ。

渡辺　国の債券がいわゆる「国債」、地方自治体の債券が「地方債」ですね。

馬渕　そうです。たとえば地方自治体が公共事業を行なうために、お金を集めたいとします。そのとき、市民に「ちょっとお金を預けてくれませんか？」と、自治体のホームページなどで呼びかけるんですね。

渡辺　地方債は、その自治体の住民しか購入できないんですか？

馬渕　誰でも購入できるものもありますが、「県民債」や「市民債」など、発行する自治体に居住・勤務する人のみを対象とした債券もあります。
　　　ちなみに、地方債が発行されると、あっという間に完売するケースが多いです。

渡辺　知らないと損ですね。

▶ 債券購入後に金利が上がると、どうなる？

馬渕　さて、ここからが本題ですが、債券価格は金利と深く関係しています。金利が上がっていくと、この債券価格はどうなると思いますか？

渡辺　……う〜ん、下がるのかな？

馬渕　ちょっとイメージが湧かないと思うので、具体例を用いてお話ししましょう。
　　　たとえば、私が1％の利回りで100万円の債券を買ったとします。でも、急にお金が必要になったので、私は満期を待たずに途中で売却したくなりました。では、渡辺さんに売るとしましょう。

渡辺　僕が買うんですね。いいですよ。

馬渕　ところが、もしもですよ？　この時点で金利が上がって３％になっていた場合、私の「100万円で1%利回りの債券」と、新たに出回っている「100万円で3%利回りの債券」。どちらを買いますか？

渡辺　なるほど、それは3%利回りのほうを買いますね。

馬渕　そう、だから私が買った債券は売れないんですよ。

渡辺　塩漬けになってしまうわけですね。

馬渕　そうです。でも、どうしても私は売りたい。そこで、私は値段を90万円に下げます。買ってくれますか？

渡辺　それなら買います！

馬渕　そうですよね。将来的に100万円が返ってくるほか、価格として10万円が利益になるので、渡辺さんは買ってくれる。でも、逆に私は損をしたわけです。金利が上がってしまうと、それ以前に発行された債券の価格は下がってしまう。

満期の場合は額面通りの金額で償還されますが、途中で売却する場合は金利による価格変動の影響を受けるんです。

渡辺　利上げが続いているアメリカでは、昔の債券の価格が下がってるということですね。

馬渕　そうです。「債券価格と金利は反対の方向に動くんだ」ということを理解しておいてほしいです。

▶利回りが高い債券には要注意！

渡辺　余裕があったら債券を買ってみたいけど、僕の資金だと難しそうだなぁ。

馬渕　もしも「利回り10%の債券」を勧められたらどうします？

渡辺　10%だったら買いますよ！　ちょっと無理してもお金を用意するかもしれない。

馬渕　ただ、利回りが高い債券は危険なものも多いんです。

渡辺　危険な債権もあるんですか？　国とかがやっているならリスクは低いはずでは？

馬渕　たとえば、「メキシコの原油を扱う企業の債券」だったら、どう思います？

渡辺　ちょっと怖いですね。

馬渕　債券だからすべてが安全とは限りません。どの国の、どんな団体が発行する債券なのかを確認する必要があります。しばしば金融機関からこうした債券を紹介されることもありますが、安易に購入して発行体が倒産してしまったら、債券を回収できないこともあります。

 POINT

◎債券は年1回の利息を受け取れるほか、満期で元本保証のローリスク投資。

◎債券を途中（満期前）で手放す場合、金利が上昇していると、債券価格は下がってしまう。

◎利回りが高い債券は、倒産のリスクもあるので要注意。

バブル期超えのマンション市場！
海外富裕層が狙う日本の不動産

☑ 2021年の首都圏の新築マンションの平均価格は6260万円。

☑ 世帯収入1400万円以上の夫婦（パワーカップル）は、共働き世帯の約2%。

不動産経済研究所によれば、2021年の首都圏新築分譲マンションの平均価格は6260万円。調査を開始した1973年以降、最高値であり、バブル期の6123万円（1990年）を上回った。

▶ 億ションを購入する「パワーカップル」

渡辺 新築マンションの価格高騰が止まりませんね。

馬渕 不動産経済研究所によれば、2021年の首都圏の新築マンションの平均価格は6260万円。これまで最高値だった1990年の6123万円を上回り、なんとバブル期を超えています。

渡辺 2022年も価格上昇は続いていて、10月の平均価格が6787万円。東京23区に絞ると9365万円ですよ？　いわゆるタワマン（タワーマンション）ですよね。

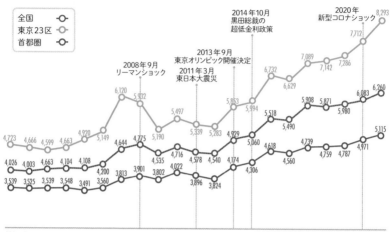

マンション平均価格の推移

（単位：万円）

凡例：
全国
東京23区
首都圏

2008年9月
リーマンショック

2013年9月
東京オリンピック開催決定

2011年3月
東日本大震災

2014年10月
黒田総裁の
超低金利政策

2020年
新型コロナショック

出典：不動産経済研究所「マンション・建売市場動向」を基に作成。

馬渕 都心の不動産、特にタワマンに注目しているのが「パワーカップル」と呼ばれる世帯です。

渡辺 なんだか強そうですね。

馬渕 そう思いますよね。彼らの強さは収入です。パワーカップルとは「年収が高い夫婦」のことで、およそ年収700万以上の2人が結婚した共働き世帯です。

渡辺 世帯年収1400万円以上ですね。

馬渕 最近はパワーカップルが消費の牽引役になっていて、不動産においても1億円程度のマンションを購入しているんです。

渡辺 共働きで高収入だと与信が下りやすいですよね。

馬渕 そうですね。「正社員」や「勤続年数」などの条件はありますが、2人合わせて1400万円ですから、約10倍のレバレッジをかけて金融機関から借り入れできます。

渡辺 すごいですね。価格高騰をものともしないパワープレイです。

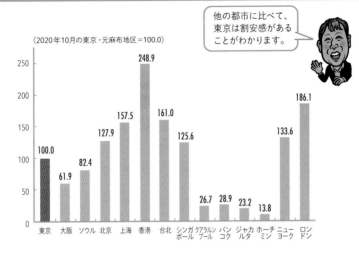

マンション・高級住宅（ハイエンドクラス）の価格水準の都市別比較

他の都市に比べて、東京は割安感があることがわかります。

（2020年10月の東京・元麻布地区＝100.0）

- 東京 100.0
- 大阪 61.9
- ソウル 82.4
- 北京 127.9
- 上海 157.5
- 香港 248.9
- 台北 161.0
- シンガポール 125.6
- クアラルンプール 26.7
- バンコク 28.9
- ジャカルタ 23.2
- ホーチミン 13.8
- ニューヨーク 133.6
- ロンドン 186.1

※各都市の高級住宅（ハイエンドクラス）のマンションを前提とした分譲単価の各都市比較指数。
出典：一般財団法人日本不動産研究所「第 19 回 国際不動産価格賃料指数（2022年10月現在）調査結果」を基に作成。

馬渕　むしろ、パワーカップルの存在がマンション価格高騰の一因とも考えられています。近年、パワーカップルは増加していて、民間シンクタンクの調査によると、21 年度では 31 万世帯。共働き世帯の 2 ％程度がパワーカップルです。

渡辺　特に首都圏は多そうですね。

馬渕　そうですね。不動産をはじめ、さまざまな消費に紐付いてくるので、アフターコロナの経済の牽引役としては非常に期待できる存在です。

馬渕　あと、最近はパワーカップル以外にも、海外の富裕層が日本のタワマンを購入するケースが目立っています。

渡辺　金融緩和が続いていることに加えて円安ですからね。

馬渕　彼らからすると、1 億円のマンションですら「安い！」という感覚みたいです。

渡辺　パワーカップルとは異なり、外国人が日本のタワマンを購入

するのは居住用ではなく投資目的ですよね。

馬渕　そうですね。CBRE によれば、2021 年の不動産投資額に占める海外投資家の割合は約 3 割で、コロナ禍でも変わらず推移していることから、依然として注目されているようです。

渡辺　マンションじゃないけど、以前「中国人が北海道の土地を買い漁っている」と話題になりましたよね。

馬渕　たとえ価値のない土地がほとんどだとしても、安全保障の観点からすれば注意しないと。日本の水源地の所有者が外国人というのは、なかなか危険ですよ。

渡辺　でも、外国人が買わない限り、日本の土地はもう価値が出ないのかもしれないなぁ。

馬渕　目をつけられているということは、価値があるという捉え方もできます。

渡辺　そうですね。それだけ魅力を感じてもらっているわけですからね。外資が日本のリゾート地に注目することは、インバウンド消費の観点からは歓迎すべきことです。しかし、投資の視点で見ると、日本人は外国人に負けているという見方ができる。日本の魅力ある土地は、日本の投資で盛り上げてほしいという気持ちもありますね。

 POINT

◎パワーカップルや海外投資家による都心のタワマン購入が増加。価格高騰の一因となっている。

◎海外富裕層による日本の不動産購入が増えている事実は、それだけ日本に価値があるからといえる。

アメリカの金融政策を握る FRB と FOMC が与える日本への影響とは？

☑ **FRB は、アメリカの中央銀行。日本でいう「日本銀行」。**

☑ **FOMC は、FRB メンバー計 7 名に地域の銀行 5 名を合わせ、計 12 名で行なっている金融政策の会議。年に 8 回開催される。**

日本のニュースでも頻繁に登場する「FRB」と「FOMC」。どちらもアメリカの話題だが、日本経済にも大きな影響を与えている。FRB と FOMC とは何か？　しっかりと理解することで、他人事だったニュースが自分事として捉えられるようになるはずだ。

▶ FRBは、日本でいえば「日本銀行」

馬渕　経済や金融のニュースに必ず出てくる言葉として「FRB」と「FOMC」がありますので、みなさんにもぜひ覚えていただきたいと思います。

渡辺　アメリカの話ですよね？

馬渕　そうです。アメリカの経済・金融用語ですが、現代はリアルタイムで世界の経済情報が手に入るじゃないですか。このた

FRS（連邦準備制度）の主な組織関係図（FRBとFOMC）

・ワシントンDCに設置。
・連邦準備銀行の調整役。

FRB（連邦準備制度理事会）

・年8回開催。
・利上げなどを決定。

FOMC（連邦公開市場委員会）

・米国に12行。
・紙幣の発行機能など。

連邦準備銀行

め、アメリカで起きたことも、すぐに日本に影響が出る。

渡辺　タイムラグがない時代になっています。いいことかもしれないけど、せわしない時代になっちゃいましたね。

馬渕　かなりせわしないと思います。例を挙げるとすれば、第2章で取り上げた円安（83ページ）です。アメリカの利上げが円安に大きな影響を与えるという話をしましたよね。では、そもそもこのアメリカの利上げを決めているのは誰なのか……という話で、それが「FRB」なんです。Federal Reserve Boardの略で、アメリカの中央銀行のことです。

渡辺　日本でいう日本銀行（日銀）のことですね。アメリカ版日銀がFRB。

馬渕　その解釈で問題ありません。日本語では「アメリカ連邦準備制度理事会」とも呼ばれます。

渡辺　アメリカ連邦準備制度理事会もニュースでよく聞きますよ。

これ、FRBのことだったんですね。

馬渕 そうなんです。FRBの役割は2つあって、「アメリカの雇用を最大化していくこと」と「物価を安定させること」です。実はここが日銀と違うんですね。日銀は「雇用の環境を良くする」という責任を負っていません。

渡辺 なんで日銀は雇用の責任を負わないんですか？

馬渕 日本では、雇用の責任は政府の役割なんですよ。日銀は「物価の安定」だけを担っているので、ここは、日本とアメリカの大きな違いです。

渡辺 でも、為替介入で開催される三者会合（日銀、財務省、金融庁）のように、分業こそしているけど、政府と日銀の間で雇用と物価に関する話し合いは行なわれているんですよね？

馬渕 もちろん、大事なことですから話し合いを行なっています。ただし、日本の失業率はコロナ禍でも2％台ですが、アメリカは8％近くまで上がりましたからね。日本よりも雇用問題は深刻なんです。ですから、アメリカの経済動向、金融政策を見るときにも「雇用と物価」の責任を担うFRBが非常に大事なんです。

▶ FOMCは、FRBによる金融会議

渡辺 FRBのほうが決断が重いですね。日銀トップの黒田さんよりもパウエルさんのほうが大変ということですか？

馬渕 今、渡辺さんが名前を出したパウエルさんは、FRBのトップ（議長）ですね。日本で言えば、パウエル議長は黒田総裁に当たるわけです。パウエルさんの発言は為替や株価に大きな影響を与えるので、世界中の方が注目しています。
とは言え、さすがに議長1人に責任を負わせるのは大変だし、独裁の危険もあります。そこで、アメリカの利上げをどうコ

ントロールするかを決めるため、FRB には 7 名のメンバーがいます。さらに、地域の銀行 5 名を合わせ、計 12 名で金融政策の会議を行っているんです。この会議が「FOMC」です。年に 8 回開催されます。

渡辺 FOMC は会議のことだったんですね。

馬渕 そうなんです。FOMC は Federal Open Market Committee の略です。Committee は「委員会」なので、会議を行なっている機関なんですね。2022 年 11 月末現在、アメリカの物価上昇率が止まらないので、「利上げしたほうがいいよね?」などとみんなで議論して決めているんですね。

渡辺 アメリカの CPI が 2022 年 6 月に 9.1%になったとき、馬渕さん Twitter でつぶやいてましたよね。

馬渕 「CPI9.1」とだけつぶやきましたね(笑)。それだけ衝撃的だったんですよ。

渡辺 その後、CPI は下がっていますが、2022 年 11 月(12 月発表)でも 7.1%。依然として高い。だから、FOMC は何とかインフレを抑えようと利上げを続けている、ということですか。

馬渕 そのとおりです。

 POINT

◎FRB はアメリカの中央銀行、FOMC は FRB による金融政策を決める会議。

◎FRB は「雇用と物価」に責任を負い、日銀は「物価」のみに責任を負う。

◎アメリカの金融政策は、世界経済に大きな影響を与える。なかでも、日本経済にはすぐに影響が出る。だから、FRB と FOMC 関連のニュースは、日本人も注目する必要がある。

世界の金融業界が注目する ジャクソンホール会議

☑ ジャクソンホール会議は、経済や金融について議論する
国際的な経済政策シンポジウム。

☑ 毎年8月に開催され、世界の金融業界が注目する会議。

毎年8月、アメリカで開催される経済政策シンポジウム
「ジャクソンホール会議」。主要国の中央銀行総裁や高
官、政治家、学者など一堂に会し、世界経済や金融政策
について議論する。FRB議長の出席も通例となっていて、
FRB議長による講演ではしばしばアメリカの金融政策
に関する重要な言及がある。

▶ 世界から金融界の要人が集まる

馬渕　FRBとFOMC以外にも、覚えておきたい国際的な金融・経
済用語が「ジャクソンホール会議」です。実はこれ、金融業
界では毎年恒例行事なんです。

渡辺　全然知らなかったですよ。

馬渕　ジャクソンホール会議は毎年8月に開催されていて、アメ
リカのカンザスシティの連銀主催で行なわれます。

ジャクソンホール会議での FRB 議長講演内容の影響力

年次	FRB 議長の講演内容	その後の主な金融政策	年次	FRB 議長の講演内容	その後の主な金融政策
2010	事実上、QE2の実施を発表。	11月FOMCでQE2開始を発表。	2017	金融危機への総括と金融規制について。	10月にQT開始。
2011	FRBは追加的な金融措置は可能。9月のFOMCで協議。	9月FOMCでツイストオペを発表。	2018	緩やかな利上げ継続を表明。	年末までに利上げを実施。翌年は停止。
2012	非伝統的金融政策の効果を主張。QE3への機運向上。	9月FOMCでQE3を発表。	2019	追加利下げ示唆。	9月、11月に利下げ。
2013	FRB議長欠席	12月FOMCでテーパリングを開始。	2020	平均インフレ目標を発表。	ジャクソンホール会議FRB議長講演と同じ日に平均インフレ目標導入を発表。
2014	スラックなどの労働市場へのダメージに言及。	10月にテーパリング終了。	2021	年内に資産購入ペースの縮小開始を示唆。	11月FOMCで量的緩和政策縮小開始を決定。
2015	FRB議長欠席。	12月に利上げ実施。	2022	インフレを目標の2%に低下させることを最大優先目標として、利上げを続ける方針を改めて強調。	インフレを抑えるための利上げの継続。世界的なドル高進行。
2016	利上げの論拠が強まったという見解を出す。	12月に1年ぶりの利上げ実施。			

出典：東洋証券 HP より一部抜粋し、編集部作成。

渡辺 カンザスシティの連銀？

馬渕 連邦準備銀行の略で、日本の地方銀行みたいなものですが、もうちょっと地位が高いです。その連銀の主催で行なわれ、場所はワイオミング州のジャクソンホールという避暑地というわけです。

渡辺 難しい金融問題を、避暑地で頭をリラックスさせながら話し合うんですね。

馬渕 そうです。各国の中央銀行が集まる国際的なシンポジウムですが、スーツやネクタイではなく、カジュアルスタイルで集まります。心の障壁をなくして本音を語り合うんですね。ちなみに、コロナの影響で 2020 年と 21 年はオンライン形式で行なわれていました。

渡辺　各国の中央銀行ということは、日銀も参加するんですか？

馬渕　そうですよ。あとは、経済学者などの専門家も集まります。主要国の中央銀行高官、経済学者たちが一堂に会し、ここでFRB議長が行なう講演は、アメリカの金融政策を占う手掛かりになります。アメリカの金融市場は世界にも大きな影響を与えるので、否応なしに注目が集まります。

　　　2010年には、当時のFRB議長だったバーナンキさんが「金融緩和に踏み切る」と発言したところ、世界の株価が大きく値上がりしたこともありました。

▶ パウエル議長の発言でNYダウ下落

渡辺　2022年のジャクソンホール会議では、パウエルさんはどんなことを話したんですか？

馬渕　インフレ対策です。多くの予想では「2022年は利上げ、2023年は利下げ」という内容になると思われていたのですが、パウエル議長の口から出たのは「景気よりもインフレ退治を優先」でした。この結果、利下げによる景気安定を期待していた金融市場は裏切られた恰好となり、結果的にニューヨークのダウ平均株価が1000ドルも下がりました。

渡辺　投資の世界では良くないことですよね。しばらくアメリカの利上げは続くのでしょうか。

馬渕　もともとパウエルさんは、金融引き締めを続けることを明言していたんです。ただ、注目すべきは「利上げの幅」と「利下げの時期」なんですよ。この2点に対して、パウエルさん側（FOMC）とマーケット側、それぞれの見立てがあり、ズレが生じると、株価に影響が出やすいんですね。

渡辺　マーケットが勝手に期待して先読みしちゃう？

馬渕　そうなんです。先読みして株価が動くので、2023年の利下

げを期待して上昇気配のあった株価が下落してしまった。

渡辺　それだけ、パウエルさんとの乖離が大きかったんですね。

馬渕　利上げは既定路線なので、「0.5 か 0.75 が続くかな？」程度ですが、利下げの時期が見えなくなったことの影響が大きかったのだと思います。

渡辺　2022 年 8 月から 4 カ月連続で利上げ幅が 0.75 になっていますが、これって大変なことなんですよね？

馬渕　一般的なアメリカの利上げ幅が 0.25 ですから、異例中の異例です。11 月時点でアメリカの金利は 4％に達し、利上げの最終地点とされる「ターミナルレート 4.6％」まであとわずかです。ただし、マーケットでは「金利 5％まで上がるのではないか」との声もあります。

渡辺　4.6％が最終地点だったのに、それを上回る可能性もあるんですか？

馬渕　インフレを抑えるために利上げを行なっているわけですからね。物価上昇が止まらなければ、利上げを続けることも考えられます。いずれにしても、2023 年も引き続きアメリカのCPI（消費者物価指数）と利上げ幅の動向に注目する必要があります。

 POINT

◎ジャクソンホール会議での FRB 議長の講演は、世界の金融市場に影響を与える。

◎アメリカの金融政策や経済の影響を受けやすい日本は、アメリカのCPI と金利の動向に注目すべき。

第 6 章

政治と生活

政府が発表する「骨太の方針」で世の中が決まる

☑ 毎年6月頃に日本政府は「骨太の方針」を発表し、この方針をもとに来年度の予算が決まる。

☑ 国民としては、国がどんなことに力を入れていくのか、税金を使っていくのかがわかるので要チェック。

「骨太の方針」とは、政権の重要課題や翌年度予算編成の方向性を示す方針の通称で、正式名称は「経済財政運営と改革の基本方針」。財務省主導ではなく、首相主導の予算編成や政策決定を実現するため、2001年に小泉純一郎政権が作成したのがはじまり。以後、民主党政権時代を除き、自民党政権下において毎年発表されている。

▶ なぜ「骨太の方針」を読んだほうがいいのか？

渡辺　「骨太の方針」って聞いたことはあるのですが、実は僕、よくわかっていないんです。大事なものだというのはわかるんですけど……。

馬渕　めちゃめちゃ大事ですよ！　骨太の方針とは、政府が毎年6月頃に発表する「税財政や経済政策の基本方針」です。この

通称「骨太の方針」2022の目次抜粋

どの分野や業界に国が注力していくかが具体的にわかります。

一人の日本国民として読んでおきたいものばかり。

出典：内閣府「経済財政運営と改革の基本方針2022」
https://www5.cao.go.jp/keizai-shimon/kaigi/cabinet/2022/decision0607.html
※全40ページにわたる文書のうち、目次のみを抜粋。

「骨太の方針」から政策への主な流れ	
6月ごろ	「骨太の方針」の策定
8月ごろ	各省庁が予算概算を要求
年末	政府予算決定
1月以降	通常国会で予算案を審議

方針をもとに各省庁は政府に要求する予算を決め、調整を繰り返した末に来年度の予算が決まる。だから、あらゆる決定事項の根底に骨太の方針があるわけです。

「世の中のすべては骨太で決まっている」と言っても過言ではありません。

渡辺 骨太の方針って、僕ら一般人も見られるんですか？

馬渕 内閣府のサイト（https://www5.cao.go.jp/keizai-shimon/kaigi/cabinet/2022/decision0607.html）で確認できるので、絶対に見たほうがいいです。テレビや新聞などのメディアでは、放送時間や文字数などの事情があるため、骨太の方針の一部しか紹介できません。結果、各メディアの判断で重要だと思われる項目が取り上げられるため、少なからず誤解が生じる恐れがあります。

たとえば、骨太の方針の第2章「1 新しい資本主義に向けた

重点投資分野」では、1番目に「人への投資と分配」という項目が挙げられています。岸田政権の政策として、しばしばメディアは「貯蓄から投資へ」という言葉を使いますが、実はこれも「人への投資と分配」という項目の一部分に過ぎないんです。つまり政府は、金融的な視点よりも人への投資を優先しているわけです。残念ながら、こうした細かいニュアンスはニュースでは伝わりにくい。

渡辺 伝わってなさそうですね。

馬渕 でも、原文を読めばわかるんですよ。「人への投資と分配」で挙げられている項目は次の5つです。

- ・人的資本投資
- ・多様な働き方の推進
- ・質の高い教育の実現
- ・賃上げ・最低賃金
- ・「貯蓄から投資」のための「資産所得倍増プラン」

これら5項目は、すべて並列で語られています。決して金融がメインという話ではなく「人への投資と分配」のなかの1つとして「貯蓄から投資」があるわけです。

渡辺 なるほど、たしかにわかりやすい。「貯蓄から投資」という言葉が大きく扱われがちですが、「人的資本」も「多様な働き方」も、同じ扱いなんですね。

馬渕 そのとおりです。

渡辺 骨太の方針、絶対に読んだほうがいいですね。

馬渕 表紙や目次を含めても全40ページ。使われている言葉も決して難しくありません。

渡辺 極端な話、骨太の方針を読んでいない成人には「選挙権を与えません！」と言ってもいいくらい。

馬渕　目次や項目を見るだけでも「政府が何を考えているか」が見えてきます。政治・経済など、あらゆるニュースの受け取り方も変わると思いますよ。

▶ ロビー活動の功罪

渡辺　今回の骨太の方針（2022）には、馬渕さんが重視する「スタートアップ」も挙がっていますね。

馬渕　そうなんですよ！　目次に「スタートアップ」という文言が入ったことはすごいインパクトなんです。経済界をはじめ、あらゆる業界が「日本は、国としてスタートアップに力を入れるんだな」と捉えるわけです。メディアで取り上げられる機会も増え、スタートアップを支援する企業の株価も上がりなど、大きな影響が考えられます。

渡辺　それだけ大事となると、骨太の方針を策定の裏では、いろんな業界が政府にすり寄ってそうですよね。

馬渕　「すり寄る」というと語弊がありますが、骨太の方針におけるロビー活動は非常に活発です。毎年、あらゆる民間企業が６月の骨太の方針に向けて動いています。「DX」や「オンライン診療」などの言葉が入るだけで、関連市場が盛り上がり、業界が劇的に変わる可能性があります。そのため、政治家や官僚に対し、自分たちのやっていることの意義を積極的にネゴシエーションしているんですね。

渡辺　逆に言えば、ロビー活動をしないと、骨太の方針には入らないということですか？

馬渕　決してそんなことはないのですが、政治家や官僚が判断しなくてはいけない案件って本当に膨大なんです。彼らから見て「どれが本当に日本経済にとって価値があるものなのか」を判断したくても、情報量が多すぎて正確にキャッチするのは

難しい。だから、積極的にアピールしないと、会議の話題にも上がらないと思うんですよね。

渡辺 そこはもうちょっと何とかならないのかな？ 「ロビー活動されたから採用する」じゃなくて、膨大な情報からも正しく判断できるような仕組みというか、人材というか……。流通や小売業界だったら、バイヤーが「取引先が多すぎて判断できない」みたいなことを言ったらバイヤー失格ですよ。

馬渕 そこは課題かもしれませんね。

POINT

◎「骨太の方針」を読めば「政府が何を考えているか」が見えてくる。

◎「骨太の方針」に関連する業界・企業に大きな影響を与える。

◎ロビー活動に代わる、新たな仕組みづくりに期待。

岸田政権の「黄金の３年間」の行方

☑ 衆議院が解散しない限り、岸田政権は 2025 年 10 月まで国政選挙がない。

☑ 2022 年 11 月の内閣支持率は 33%、不支持は 46%（NHK 世論調査）。「黄金の３年間」が危うい!?

2022 年 7 月の参議院選挙において、自公連立与党は公示前議席を 7 議席上回る 76 議席を獲得し、野党に大勝。次に訪れる国政選挙は 2025 年 10 月の衆議院選挙であり、政官界を中心に「岸田政権は"黄金の３年間"を手に入れる」との見方が強かった。ところが、参院選以降、岸田内閣の支持率は下がり続けている。

▷ 参院選に勝利するも、内閣支持率が急低下

渡辺 岸田政権の発足が 2021 年 10 月ですから、2022 年 6 月の「骨太の方針」（230 ページ）は、岸田政権としては初めての方針発表だったわけですね。骨太の方針が経済に与える影響は理解できましたが、「今後、政権が安定するか否か」も気になるところです。

岸田政権「黄金の3年」主要スケジュール

2022年	7月10日	参院選
	9月11日	沖縄県知事選
2023年	春	統一地方選挙
	初夏	G7サミット（日本開催）
2024年	7月30日	東京都知事　任期満了
	9月30日	自民党総裁　任期満了
		自民党総裁選
	11月5日	米国　大統領選挙
2025年	4月13日	大阪・関西万博　開催
	7月22日	東京都議会議員　任期満了
	7月28日	
	10月30日	衆議院議員　任期満了

2022年の参院選

「黄金の3年」をスムーズに過ごせるかどうか!?

黄金の3年

2022年非改選議員の任期満了

出典：一般社団法人日本金融経済研究所

馬渕　政権の安定は経済にとってもプラスですし、株式市場にとってもプラスですからね。

渡辺　2022年の夏頃は「黄金の3年間」という言葉をよく耳にしましたが、ちょっとおさらいしておきましょうか。

馬渕　そうですね。2022年7月の参院選において、与党である自民党が勝利を収めました。そうなると、次は2025年10月まで国政選挙（衆院選）がないため、衆議院の解散がない限り、岸田さんは選挙の影響を気にすることなく、安定した政策を進めることができます。これが「黄金の3年間」と呼ばれた理由ですね。

渡辺　ところが、その安定に早くもかげりが見えています。

馬渕　9月の沖縄知事選において、岸田政権は新人・佐喜真淳氏を推していましたが、結果は野党が支持する現職・玉城デニー氏の圧勝に終わりました。

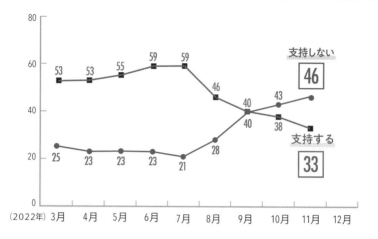

岸田内閣支持率の変化

出典：NHK世論調査 2022年11月14日発表
2022年11月11日から3日間、全国の18歳以上を対象にコンピューターで無作為に発生させた固定電話と携帯電話の番号に電話をかける「RDD」という方法で世論調査を実施。調査の対象となったのは、2417人で、51％にあたる1236人から回答あり。

渡辺 　参院選後にいろいろありましたからね。安倍（晋三）さんの国葬費用を巡る問題や、旧統一教会と自民党の関係が露呈し、内閣支持率が急落しています。数人の閣僚も辞任に追い込まれています。NHKの世論調査では、参院選があった2022年7月は支持59％・不支持21％でしたが、9月には支持40％・不支持40％で並び、11月現在は支持33％・不支持46％。内閣発足以降、最低の支持率となっています。

▶ 勝負どころは、「統一地方選挙」と「G7広島サミット」

渡辺 　「政権の安定」を前提として話を進めるならば、今後の岸田政権に求められるのは何だと思います？

馬渕 　もしも旧統一教会などの問題が発覚しなかったとしても、も

　　もと黄金の3年間は必ずしも安泰とは言えず、岸田政権が乗り越えるべきポイントが随所にあるんですよ。

　　まず2023年4月に「統一地方選挙」があり、直後の5月には「G7広島サミット」も控えています。特にG7サミットは岸田さんの手腕の見せどころになるかもしれません。

渡辺　広島は岸田さんの地元ですから、張り切ってるかもしれない。G7サミットで何を話すんですかね。やっぱりアレですか？「キシダなんとか」みたいな言葉がありましたよね。

馬渕　「インベスト・イン・キシダ（Invest in Kishida）」？

渡辺　それです。安倍さんの「バイ・マイ・アベノミクス（Buy my Abenomics）」を意識したのだと思いますが、現状ではまったく広まっていませんね。

馬渕　たしかにフレーズ自体の認知度は低いですが、G7サミットでは「貯蓄から投資へ」などに代表される「新しい資本主義」がベースになる可能性は高いです。あとは、広島開催という点を加味すれば核問題でしょうか。

渡辺　核問題について言及するとしたら、原子力発電にも触れますかね？

馬渕　岸田さんは原発賛成派だと思いますが、さすがにサミットでは触れないのでは？　もしかしたら電力に関する話題自体、避けるかもしれません。

渡辺　僕が岸田さんに抱いている心配は、そういう中途半端な姿勢です。何かと先送りにしがちなのが気になるんですよね。

馬渕　2024年9月に自民党総裁選があるので、そこまで岸田さんは絶対に穏便にいきたいはずです。

渡辺　個人的には、その「穏便」が日本を厳しくしていると思う。経済が成長している期間だったら、穏便に進めてもうまくいくんですよ。でも、現在のように経済が落ち込んだ状況下で、穏便な姿勢を貫くのは悪手だと思うんですよ。

馬渕　わかります。いずれにしても、直近では G7 広島サミットで岸田さんがどのような存在感を示すのかに注目です。

POINT

◎政権の安定は、経済や株式市場においてプラスに働く。

◎2023 年 4 月「統一地方選挙」と 5 月「G7 広島サミット」の動向に注目。

◎政府の「穏便な姿勢」は、経済成長時には効果的だが、経済衰退時は逆効果 !?

社会保障費と社会保険料は、毎年過去最高を更新!?

☑ 2020 年度の社会保障給付費は 132 兆円。

☑ 社会保険料の税収対 GDP 比は、1999 年 8.2%から 2019 年 12.9%で 4.7 ポイント増加。

☑ 2020 年度は、ついに国民 1 人当たり社会保障費 100 万円突破。

年金、医療、介護、子ども・子育てなどをサポートする社会保障は、日本の一般会計歳出の約 3 分の 1 を占める最大の支出項目だ。2020 年度の社会保障給付費は 132 兆 2211 億円で、毎年のように過去最高を更新している。社会保障費の財源で大半を占めるのは社会保険料だ。社会保障費が増え続けるなか、社会保険料の負担も増加している。

▷ 社会保障費で一番多いのは？

渡辺　少子高齢化によって医療や年金にかかる社会保障給付費が増え続けています。国立社会保障・人口問題研究所によれば、2020 年度の国民 1 人当たり社会保障費は 104 万 8200 円で、初めて 100 万円を突破しました。日本の高齢者人口の最大

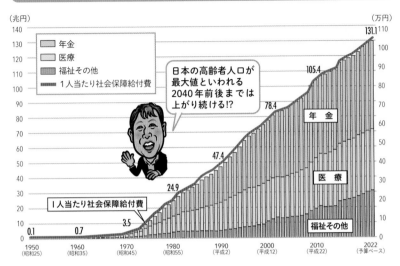

出典：国立社会保障・人口問題研究所「令和元(2019)年度社会保障費用統計（概要)」

値は2040年前後と言われているので、今後も社会保障費は増え続けると予想されています。

馬渕　社会保障費の財源は、社会保険料、租税（所得税、法人税、消費税など)、公債金などですが、そのなかでも社会保険料が過半数を占めています。賃金が上がらないなか、社会保険料の負担率が増加していますね。

渡辺　社会保障関係費の内訳って、やっぱり年金が一番多い？

馬渕　2022年度の社会保障関係費の内訳は、年金が約35％でトップですが、医療も約33％と同程度の割合を占めています。

▶「恵まれた医療制度」と医療費減の両立

渡辺　賃金を上げる以外に社会保険料を減らすとしたら、社会保障費の全体支出を減らすしかないですよね。これ以上、年金に

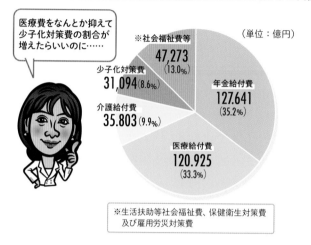

社会保障関係費の３分の１は「医療費」！

2022年度社会保障関係費（36兆2735億円）の内訳

医療費をなんとか抑えて
少子化対策費の割合が
増えたらいいのに……

（単位：億円）

※社会福祉費等
47,273（13.0%）

少子化対策費
31,094（8.6%）

介護給付費
35.803（9.9%）

年金給付費
127.641
（35.2%）

医療給付費
120.925
（33.3%）

※生活扶助等社会福祉費、保健衛生対策費
及び雇用労災対策費

出典：財務省「令和４年度社会保障関係予算のポイント」（2021年12月）を基に作成。

鉈を振るわれると困るから、やっぱり削減できるとしたら医療費でしょう。医療費を減らすならば「予防医療」の推進でしょうか？　健康に暮らせる人を増やすことが一番の近道になると思います。

馬渕　日本は海外に比べて予防医療の意識が低いと言われていますよね。その理由として「皆保険が原因」という指摘もあります。ただ、皆保険自体は本当にすばらしい制度です。世界的に見ても「日本の医療制度は恵まれている」ということは知っておいてほしいです。

渡辺　医療費が安いから、予防が疎かになっちゃうんですね。1人当たり医療費を見ても、アメリカなんて日本の３倍ですよ。

馬渕　たとえば出産費用は、アメリカでは数百万円かかるそうで、保険会社による負担を差し引いても100万円前後は自己負担と言われています。

渡辺　日本の出産費用は平均 50 万円程度ですが、出産育児一時金として子ども 1 人当たり 42 万円が支給されます。アメリカと比べたらはるかに負担が小さいです。

馬渕　出産だけを切り取ったら安いのですが、その後のサポートは課題が残ります。医療にかかわるサポートは手厚いけど、その後の育児に関わる福祉はまだまだ。高齢者介護にお金を回さざるを得ないのでしょうね。

渡辺　社会保険料が高くなるのはキツイけど、医療制度としては恵まれている。ジレンマですねぇ。

馬渕　そうなんですよ。しかも、高齢者に手厚い分、現役世代に不満が募りやすいですから。

渡辺　そうなると、あとは医療 DX に期待でしょうか。コロナ禍でオンライン診療や遠隔医療にも注目が集まっていますよね。DX によって効率化が進めば、医療費の増大を防ぐことにも繋がるはずです。

馬渕　実は対面診療よりもオンライン診療のほうが安いんです。遠隔医療が進み、なおかつ予防医療に活かすことができれば、国民の医療費も減り、社会保険料の負担も減らせるかもしれません。

POINT

◎社会保険料は増加しているが、日本の医療制度が優れていることも理解しておく。
◎高齢者に手厚く、現役世代に不満が残るという現実を打破したい。
◎医療費削減のカギは、医療 DX の推進と予防医療の普及。

消費税の「増税」は
やむなしなの？

☑ 2022年に入り家計消費支出は復調気味だが、物価上昇
　もあり実質消費は減っている。

☑ 先行きが見えない不安から、ボーナスを貯蓄するケースが
　多いといわれている。

総務省『家計調査』によれば、2022年（1〜9月）の2
人以上世帯の消費支出は月平均約28万6000円だった。
コロナ禍に入り、2年連続で27万円台だったが、3年振
りに28万円を上回りそうな気配だ。ただし、物価上昇
によって実質消費が減っている状況を考慮すれば、「消
費がコロナ以前の水準に戻るのはまだしばらくかかる」という見方
が強い。

▷ なぜ政府は消費税を減税できないのか

渡辺　コロナ不況と物価上昇のダブルパンチで家計に与える影響も
　　　深刻です。政府は複数の特別給付金やガソリン補助金といっ
　　　たさまざま対策を講じていますが、その一方で耳にするのが
　　　「消費税の減税」に関する要望です。

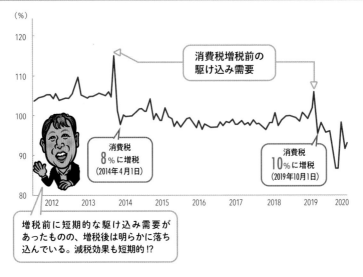

消費税増税時の消費支出はどうだった？

(%)

消費税増税前の
駆け込み需要

消費税
8%に増税
（2014年4月1日）

消費税
10%に増税
（2019年10月1日）

増税前に短期的な駆け込み需要が
あったものの、増税後は明らかに落ち
込んでいる。減税効果も短期的!?

出典：総務省統計局「家計調査」を基に作成。

馬渕　今年（2022年）7月の参院選では「消費税減税」を公約に
　　　掲げる野党が多かったのは記憶に新しいところですね。一方
　　　で、政府内では「増税」の議論もあります。

渡辺　結果的には野党が負けちゃったわけですが、馬渕さんは減税
　　　についてどのようにお考えですか？

馬渕　過去の家計の動きを見ると、消費税増税前に駆け込み消費が
　　　あり、増税後には消費が冷え込むことが確認されています。
　　　これを踏まえれば、減税した際には一時的に消費は盛り上が
　　　ると思います。ただし、あくまでも一時的ですけどね。

渡辺　まったくの同感です。減税や撤廃はやってもいいけど、「短
　　　期的ならば賛成、中長期的には反対」というスタンスです。
　　　たとえば、12月の年末商戦だけでも取り入れるだけでも、
　　　大きく変わると思うんですよ。少し話が変わってしまいます
　　　が、PayPayってあるじゃないですか。

馬渕　スマホ決済の？

渡辺　そう。今年の夏に利用者5000万人以上を突破した、国内利用率トップのスマホ決済です。僕の妻もPayPayを利用しているのですが、どうやら最近は使っていないらしいんです。理由を聞いたら「割引や還元のサービスが減ったから」とのこと。気になって周囲のバーゲンマニアたちに聞いたら、彼らも同じ理由で利用頻度が減っていました。

　　　「一企業の割引と消費税減税を一緒にするな」と怒られそうですが、やっぱり「期間限定でお得になる状態」って、みんな大好きなんですよ。だから、消費税の一時減税か、一時撤廃は、コロナ禍のどこかのタイミングでやってもよかったんじゃないかな。

馬渕　ただ、消費税って法案を通して決めているので、「1回上げたものは引き下げたくない」という自民党の意向があまりにも強いから動かないんですよね。だから、その代わりに家電の買い替え需要などで「エコポイントで減税効果を持たせる」といった政策を政府はとりがちです。

渡辺　なんで自民党は一時減税したくないんですかね？

馬渕　減税して、また戻すという仕組みの柔軟性がないからです。

渡辺　もっとフレキシブルにできないんですかね。

馬渕　そこはもう、本当に思います。今の法的には難しいから、せっかく苦労して消費税を上げたのに、もしも下げたあとに戻せなかったらどうするんだ！……的な感じなんですよね。あとは財務省もうるさいでしょうし。

渡辺　財務省かぁ。なんで財務省は一時減税を認めないんですかね。忙しくなるから？　権力を維持したいから？

馬渕　彼らのベースとなる考えが「ちゃんと税収を得る」という財政規律にあるので、一時的とは言え、税収が減る政策はやりたくないんだと思います。

渡辺 これから人口が減って、税収も減っていくという状況下で、まだそんなこと言ってるのか……。新しい考え方を持てる財務官僚はいないんでしょうか。

馬渕 いたとしても、とにかく省庁は前例主義ですから。大企業よりも、もっと根強い前例主義なので、なかなか動けない。

渡辺 日本にもドナルド・トランプみたいな強引なトップが登場するのも1つの手かも。

馬渕 無理でしょうね（笑）。ともあれ、基本的に消費税の一時減税はしたほうがいい。でも、今の日本では難しいので、ポイント還元などの政策を国民にアピールして、消費を促すのが現実的だと思います。防衛費増強のために「増税」の議論も出てきていますが、その前に経済を活性化させる施策のほうが先です。

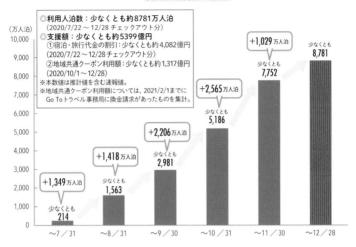

Go Toトラベル事業（2020年7月〜12月）の利用実績

利用人泊数の推移

（万人泊）

◎利用人泊数：少なくとも約8781万人泊
　（2020/7/22 〜 12/28 チェックアウト分）
◎支援額：少なくとも約5399億円
　①宿泊・旅行代金の割引：少なくとも約4,082億円
　　（2020/7/22〜12/28 チェックアウト分）
　②地域共通クーポン利用額：少なくとも約1,317億円
　　（2020/10/1〜12/28）
※本数値は推計値を含む速報値。
※地域共通クーポン利用額については、2021/2/1までに
　Go Toトラベル事務局に換金請求があったものを集計。

+1,349万人泊　少なくとも 214
+1,418万人泊　少なくとも 1,563
+2,206万人泊　少なくとも 2,981
+2,565万人泊　少なくとも 5,186
+1,029万人泊　少なくとも 7,752
少なくとも 8,781

〜7／31　〜8／31　〜9／30　〜10／31　〜11／30　〜12／28

※推定値を含む速報値。
※事後還付分（7/22 〜 8/31）については、日数に応じて7月と8月に按分。
出典：観光庁「Go Toトラベル事業の利用実績等について」（2021年2月10日最終更新）を基に
　　　作成。

▶欧州を中心に実施された減税措置、日本の「Go to トラベル」の効果

渡辺 コロナ禍の経済対策ですが、たしか海外では欧州を中心に付加価値税の減税措置が行なわれていましたよね

馬渕 動き出しが早かったです。ドイツが2020年7月から12月に付加価値税を19％から16％に引き下げたほか、イギリス、ベルギー、オーストリアなど10カ国以上が同年に減税を実施しています。

渡辺 気になる経済効果に関しては情報が少ないのですが、一時的な消費増は見られたものの、残念ながら期待するほどの効果は得られなかった国が多いようです。ただ、こういうフレキシブルな対応は、日本政府も見習うべきです。

馬渕　ただ、減税措置は行なわれなかったものの、「Go To キャンペーン」は効果的な経済政策だったと言えます。

渡辺　とくに「Go To トラベル」ですよね。

馬渕　Go To トラベルによる利用実績は、2020 年 7 月から 12 月で宿泊者約 8781 万人、支援額は約 5399 億円。支出総額は支援額を含めて約 1 兆 1600 億円以上と言われています。

渡辺　こういう数字を見せられると、やっぱりフレキシブルに動かせる仕組みは絶対に必要ですよね。アフターコロナにでも、一時減税やったほうがいいですかね？

馬渕　やるべき時期を逃してしまった感はありますが、コロナ収束後の動向に応じて、業界を絞った減税措置はあってもいいかもしれません。

渡辺　減税が難しいなら、期間限定の商品券やポイントを配るのもアリかもしれない。日本人は貯金民族だから、お金を配っちゃうと、貯蓄に回されてしまう可能性がありますからね。

POINT

◎消費税の減税措置は、短期間ならば効果が期待できる。

◎日本政府も欧米諸国のようなフレキシブルな経済政策が必要。

◎Go To トラベルキャンペーンは、結果的に有意な経済効果が得られた。

◎日本人の「貯蓄体質」を考えると、現金給付より商品券配布やポイント還元のほうが、経済効果が期待できる。

TOPIC 45

日本の特区政策は まだまだ不十分？

☑既得権益のない新しい取り組みができる特別エリア。
☑日本の国家戦略特区は 10 区域・412 事業。

「世界で一番ビジネスがしやすい環境」の創出を目的に、2013 年に創設された国家戦略特区。現在、東京圏、関西圏、愛知県、福岡市・北九州市など、計 10 区域で412 の事業が展開されている（2022 年 3 月 10 日時点）。

▶ 既得権益を排除した特区への期待

渡辺　日本の国家戦略特区について、お恥ずかしながら勉強不足なのですが、もっと大胆にできないんですかね？　東京の特区事情はどうなってましたっけ？

馬渕　いろいろやっていますが、人口減の日本において重要なのは、海外の起業がしやすくなる環境づくりでしょうか。

渡辺　国の特区政策とは別に、今年（2022 年）6 月、東京都が独自に「外国人起業家の資金調達支援事業」をスタートさせましたよね。「無担保で 1500 万円を融資する」という内容が曲解されて、ネットでは過剰に批判されていました。でも、

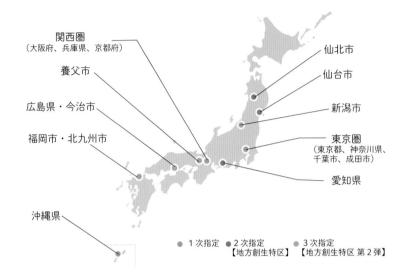

国家戦略特区の指定区域

関西圏
（大阪府、兵庫県、京都府）

養父市

広島県・今治市

福岡市・北九州市

沖縄県

仙北市

仙台市

新潟市

東京圏
（東京都、神奈川県、
千葉市、成田市）

愛知県

● 1次指定　● 2次指定　　● 3次指定
【地方創生特区】【地方創生特区 第2弾】

出典：内閣府「国家戦略特区」資料を基に作成。

　　　僕はこういう特区的な試みにすごく可能性を感じるんだけど
　　　なぁ……。

馬渕　わかります。

渡辺　日本経済が停滞した要因の1つは、既得権益が障害となっ
　　　て新規参入を拒み続けたことでしょ？　だから、特区で何か
　　　新しいことに取り組むのはとても重要なんです。

馬渕　東日本大震災後、福島県で復興を促進するための事業が進め
　　　られていて、わりと自由に研究できている印象です（ふくし
　　　ま産業復興投資促進特区、イノベーション・コースト構想）。
　　　「ドローンを自由に飛ばせる場所」や「自動運転を試走でき
　　　る場所」など、近年の福島は新しい技術の実験を行なえる場
　　　所の1つになっています。

渡辺　岸田政権も特区に力を入れてほしい。岸田さんは調整型だか
　　　ら、国全体を動かすのは苦手だけど、特区だけでやるという

復興特区の事例（福島浜通りロボット実証区域）

復興特区「福島浜通りロボット実証区域」で実施された実証実験の一例。
写真提供：福島県

のはもっとできると思うんですよね。

▶ 無視できない富裕層インバウンド

馬渕 よく海外の富裕層から「東京の港区や大阪の舞洲などの湾岸エリアで、なぜF1を開催しないのか」という意見を聞くんですよ。日本には鈴鹿サーキット（三重県鈴鹿市）がありますが、彼らからするとアクセスの悪さや周辺施設の充実具合に大きな不満があるみたいです。

渡辺 富裕層の消費行動は大事にしたいですよね。

馬渕 本当に大事です。放映権をはじめ、莫大なお金がエンタメ事業で動くわけですから。モナコグランプリは高級リゾート地だし、シンガポールグランプリも観光スポットと隣接しています。世界中の富裕層が集まってお金を落とす。結果として

末端までお金が回るので、ぜひ参考にしたいところです。

渡辺 富裕層インバウンドは大賛成です。

馬渕 だから、もっと日本も都会でエンタメを開催したほうがいいと思いますよ。

渡辺 そう考えると、大都市を抱える自治体の選挙は大事ですね。2023年の大阪府知事選や2024年の東京都知事では、ちゃんと政府と連携・調整できる人が当選して、特区事業を進めてもらいたい。

馬渕 画期的な特区をやって、自由にスタートアップが動き出せる環境を整えたいですよね。中国の深圳じゃないけど、日本の特区ももっと大胆に規制緩和してもいい。

渡辺 日本は超高齢化をはじめとした"課題先進国"です。いま抱えている課題も特区で取り組むことによって、世界をリードすることができるかもしれない。将来、他の先進国がその課題に直面したとき、日本の解決モデルを駆使するなど、市場におけるアドバンテージも生まれますからね。

POINT

◎もっと大胆に規制緩和した特区が必要。

◎海外の富裕層をターゲットにした都市部の特区事業に期待。

◎課題先進国の日本が今後の課題解決モデルを牽引できたら、それは強みに変わる。

著者プロフィール

馬渕磨理子（まぶち・まりこ）

日本金融経済研究所代表理事／経済アナリスト。ハリウッド大学院大学客員准教授。公共政策修士。京都大学公共政策大学院修士課程を修了。トレーダーとして法人の資産運用を担った後、金融メディアのシニアアナリスト、FUNDINNO で日本初の ECF アナリストとして政策提言にかかわる。また IR（インベスター・リレーションズ）について大学と共同研究を行う。現在、経済アナリストとして、フジテレビの夜のニュース番組「FNN Live News α」読売テレビ「ウェークアップ」のレギュラーコメンテーターをはじめ、各メディアでの出演多数。経済アナリストの知見を活かしたセミナーや講演会も好評を博している。ポリシーは「自分の意志で人生の選択ができる世の中を」。誰もが自分の価値観でしなやかに生きることができる社会を目指して活動中。著書に『5 万円からでも始められる！黒字転換 2 倍株で勝つ投資術』（ダイヤモンド社）、『京大院卒経済アナリストが開発！　収入 10 倍アップ高速勉強法』（PHP 研究所）などがある。

渡辺広明（わたなべ・ひろあき）

マーケティングアナリスト。流通ジャーナリスト。1967年静岡県浜松市生まれ。東洋大学卒業後、株式会社ローソンに 22 年間勤務し、店長・スーパーバイザーを経て、約 16 年間バイヤーを経験。コンビニバイヤー・メーカー勤務で約 770 品の商品開発を行なった経験をもとに「FNN Live News α」「ホンマでっか!?TV」（以上、フジテレビ）のコメンテーターとして出演中。その他に、静岡県浜松市の親善大使「やらまいか大使」就任。ニュース番組・ワイドショー・新聞・週刊誌などのコメント、コンサルティング・講演など幅広く活動。2019 年 3 月、（株）やらまいかマーケティングを設立。なお、共著者・馬渕氏とともに、Tokyo fm「馬渕・渡辺の＃ビジトピ」のパーソナリティも務めている。著書に『コンビニが日本から消えたなら』（ベストセラーズ）などがある。

ニッポン経済の問題を
消費者目線で考えてみた

2023年2月10日　初版発行

著　者	馬渕磨理子、渡辺広明
発行者	太田　宏
発行所	フォレスト出版株式会社
	〒162-0824 東京都新宿区揚場町2-18 白宝ビル7F
電　話	03-5229-5750（営業）
	03-5229-5757（編集）
URL	http://www.forestpub.co.jp
印刷・製本	日経印刷株式会社

ニッポン経済の問題を消費者目線で考えてみた

読者の方に無料 特別プレゼント

本書に掲載できなかった 未公開原稿

（PDF ファイル）

著者・馬渕磨理子＆渡辺広明より

紙幅の都合上、掲載することができなかった未公開原稿（「ベーシックインカムの可能性」など）を無料プレゼントとしてご用意しました。読者限定の無料プレゼントです。ぜひダウンロードして、本書とともにご活用ください。

特別プレゼントはこちらから無料ダウンロードできます↓

https://frstp.jp/mmwh

※特別プレゼントはWeb上で公開するものであり、小冊子・DVDなどを
　お送りするものではありません。
※上記無料プレゼントのご提供は予告なく終了となる場合がございます。
　あらかじめご了承ください。